PÃES

Receitas passo a passo de pães doces
e salgados, focaccias, pizzas e outros

Emmanuel Hadjiandreou

PUBLIFOLHA

Para a minha incentivadora e amorosa esposa Lisa, meu lindo filho Noah Elliot e minha mãe Elena, que me guiou pela vida.

Publicado pela primeira vez em 2011 pela Ryland Peters & Small, 20-21 Jockey's Fields, Londres WC1R 4BW; e 519 Broadway, 5º andar, Nova York, NY 10012
www.rylandpeters.com

COORDENAÇÃO DO PROJETO: PUBLIFOLHA
Editora assistente: Paula Dume
Coordenação de produção gráfica: Mariana Metidieri

PRODUÇÃO EDITORIAL: ESTÚDIO SABIÁ
Edição: Silvana Salerno
Tradução: Bárbara Guimarães Arányi
Preparação de texto: Paola Morsello
Revisão: Letícia Carniello e Hebe Lucas
Editoração eletrônica: Nobreart Comunicação

EDIÇÃO ORIGINAL: RYLAND PETERS & SMALL
Design, direção de arte e produção das fotografias: Steve Painter
Editora-sênior: Céline Hughes
Gerente de produção: Toby Marshall
Diretora de arte: Leslie Harrington
Diretora de publicações: Alison Starling

Testadora de receitas nos EUA: Susan Stuck
Índice: Hillary Bird

Pessoas com restrições alimentares devem ficar atentas aos ingredientes indicados nas receitas.

O forno deve ser preaquecido na temperatura indicada. Todas as medidas em colheres são rasas, a menos que indicado de outra forma.

As fotos deste livro podem conter acompanhamentos ou ingredientes meramente ilustrativos.

Dados Internacionais de Catalogação na Publicação (CIP)
(Câmara Brasileira do Livro, SP, Brasil)

Hadjiandreou, Emmanuel
Pães / Emmanuel Hadjiandreou ; fotografias de Steve Painter ; [tradução Bárbara Guimarães Arányi]. – São Paulo: Publifolha, 2013.
1ª reimpr. da 1ª ed. de 2012.
Título original: How to make bread.
ISBN: 978-85-7914-355-7
1. Culinária (Receitas) 2. Pão (Culinária) I. Painter, Steve. II. Título.

11-12021 CDD-641.815

Índices para catálogo sistemático:
1. Pão : Culinária : Economia doméstica 641.815

Este livro segue as regras do Acordo Ortográfico da Língua Portuguesa (1990), em vigor desde 1º de janeiro de 2009.

PUBLIFOLHA
Divisão de Publicações do Grupo Folha
Al. Barão de Limeira, 401, 6º andar
CEP 01202-900, São Paulo, SP
Tel.: (11) 3224-2186/ 2187/ 2197

Impresso na Toppan Leefung Printing Ltd., China.

SUMÁRIO

INTRODUÇÃO

A culinária teve uma forte influência em minha trajetória profissional. O meu pai foi dono de restaurantes e os gerenciou com seu irmão quando eu era jovem, o que fez com que eu descobrisse sabores novos e estimulantes.

O pão sempre chamou a minha atenção. Ele é especial desde a mistura dos ingredientes até a hora em que o retiramos do forno. Após assado, ainda libera aquele aroma inconfundível enquanto esfria.

Nunca cansei de fazê-los. Não importa quantos eu tive de produzir ou quais dificuldades enfrentei, empenhei-me e fiz todos com a mesma paixão que teria empregado na produção de uma unidade.

Depois que concluí o aprendizado e a qualificação em panificadoras de estilo alemão na África do Sul e na Namíbia, aprimorei meu conhecimento na Grécia e na Alemanha. Conheci novas técnicas e receitas para produzir grandes quantidades de pão sem jamais sacrificar a qualidade ou a consistência deles.

Quando cheguei ao Reino Unido, meu universo se ampliou. Trabalhei com artesãos incrivelmente apaixonados que pensavam como eu. A necessidade de autodesenvolvimento e de criar novas opções tomou conta de mim. Eu tive a sorte de poder usar os melhores ingredientes orgânicos e naturais disponíveis.

Durante os anos em que fui panificador e gerenciei padarias ensinei aprendizes e jovens a fazer pães, inspirando-os a continuarem no ofício, entusiasmados e bem informados. Quando estou lecionando, fico feliz em ver meus alunos prepararem um pão tão bom quanto o que eu faço.

Este livro reúne receitas que desenvolvi durante minha carreira, e que foram, portanto, amplamente testadas e aprovadas. A minha meta é fazer pães com sabor intenso e único, saborosos e com uma crosta crocante. Dos básicos aos mais interessantes processos de massa azeda (*sourdough*), *Pães* conduzirá você a uma deliciosa e inesquecível aventura pela panificação.

FARINHA E SAL

A farinha pode ser feita a partir de vários grãos. A maioria das farinhas usadas neste livro é feita de trigo ou centeio.

Cada grão de trigo contém três elementos principais: fibra, endosperma e gérmen. A forma como o trigo é moído determina que partes do grão restarão na farinha e quais serão eliminadas. Há duas formas de fazer farinha de trigo.

1 **A farinha de moinho de pedra** é obtida triturando o trigo entre duas pedras de moinho. O resultado é chamado de farinha de trigo integral, e geralmente retém as três partes do grão. Quando essa farinha é peneirada e refinada, obtém-se a farinha branca. Normalmente ela é acinzentada, pois há vestígios de fibras que não se consegue retirar.

2 **A farinha de moinho de rolo** é feita usando uma série de cilindros de metal que trituram os grãos até virarem pó. Essa farinha geralmente é separada em suas várias partes e depois reunida. A farinha branca costuma ser moída dessa forma. Se você comprar um saco de farinha de trigo, ela será de moinho de rolo, a menos que a embalagem especifique "moinho de pedra".

A farinha de trigo integral contém 100% dos grãos originais; nada é destruído ou perdido na moagem.

Quando se misturam farinha de trigo e água, o amido da farinha absorve a água e, como resultado, parte dele se transforma em açúcar. O fermento se alimenta do açúcar e produz dióxido de carbono. A combinação de farinha de trigo, água e sova ajuda a criar o glúten, que é responsável pela elasticidade da massa de pão. O glúten retém o dióxido de carbono, garantindo que o pão cresça e que se formem as bolhinhas que são vistas no miolo depois de assado.

FARINHAS DE TRIGO

Há muitas variedades de trigo, e o moleiro mistura as variedades para fazer diferentes tipos de farinha branca. Por exemplo: a farinha de trigo comum tem conteúdo médio de proteína (e também de glúten) – cerca de 10%. Ela contém 75% do grão original, o que significa que a maioria das fibras e do gérmen foi retirada. É usada basicamente para fazer biscoitos, tortas e bolos.

Para fazer pão deve-se usar a **farinha de trigo para pães**. Ela é feita pelo moleiro com essa finalidade, e contém um percentual mais elevado de proteína (até 17%) que retém o dióxido de carbono durante a fermentação e dá uma boa textura ao pão. Para melhores resultados, tente encontrar farinhas para pão orgânicas ou não branqueadas. Também existem as farinhas de trigo integral fina e grossa.

No Reino Unido, usam-se duas farinhas integrais com grãos maltados, a **malthouse** e a **granary**. Deixa-se os grãos começarem a germinar – quando o amido é convertido em açúcar – e depois eles são tostados. O grão maltado é adicionado inteiro à farinha ou moído primeiro. O pão feito com essas farinhas é mais doce que os normais e tem um sabor que lembra nozes. Se não for possível encontrar essas farinhas, use a mistura indicada na p. 19.

A **farinha de trigo com fermento** contém fermento em pó. É usada para fazer bolos.

Na França e na Alemanha a farinha é nomeada de acordo com o teor de minerais. Quanto mais elevado, maior o percentual de proteína do grão original. As farinhas francesas vão do tipo 45 a 150. Na Alemanha, os números ficam entre 450 e 1600. Na Itália a farinha é classificada de acordo com a espessura da moagem, indo do tipo 1 a 0 e 00 – que é fino como pó.

FARINHA DE CENTEIO

Essa farinha tem teor de glúten menor que a farinha de trigo, e gera um pão mais denso. Contém muitas fibras, minerais e antioxidantes, e pode ser fina ou grossa. Sua cor varia de acordo com o percentual de fibras.

FARINHA DE ESPELTA

A espelta é um grão da Antiguidade, também conhecido como trigo-vermelho, *dinkel*, na Alemanha, e *farro*, na Itália. Ela pode ser encontrada como farinha branca ou integral. Tem alto teor de fibra e proteína e é mais fácil de digerir do que o trigo, então é recomendada para pessoas com intolerância a ele.

FARINHA KHORASAN OU KAMUT

O khorasan é um grão da Antiguidade conhecido como trigo egípcio. Contém muita proteína e costuma ser indicado para pessoas com intolerância ao trigo. Em geral é vendido com nome de kamut em lojas especializadas.

SAL

O sal é muito importante no processo de feitura de pães. Ele os tempera, reage com a proteína da farinha para fortalecer o glúten e escurece a cor da casca. Também é um conservante, ajudando a prolongar o prazo de validade dos pães. Entretanto, excesso de sal pode atrapalhar o crescimento da massa.

FERMENTO E ÁGUA

O fermento é um fungo unicelular. Como mencionado na p. 8, ele se alimenta de açúcar para produzir dióxido de carbono, bem como uma pequena quantidade de álcool. É um tipo de fermentação muito importante, tanto por fazer o pão crescer como por lhe dar sabor. Neste livro usaremos três tipos de fermento: biológico fresco, biológico seco e a isca de massa azeda (página ao lado), que você mesmo fará.

TIPOS DE FERMENTO

O fermento biológico fresco comprimido vem em forma de tablete e deve sempre ser bege e despedaçar facilmente. Se exposto ao ar por muito tempo, ele oxida e escurece. Descarte os pedaços escuros e use o restante o mais cedo possível. Sempre conserve o fermento biológico fresco na geladeira em um recipiente hermético, embrulhado em filme de PVC ou em um saco plástico. O fermento biológico seco precisa ser dissolvido em água antes de usado. (O fermento biológico instantâneo é misturado diretamente à farinha; ele não será usado neste livro.) Uma vez aberto, conserve em recipiente fechado. As receitas deste livro indicam fermento biológico fresco ou seco, mas recomendo fortemente o uso do fresco. Verifique os prazos de validade antes de usar.

ÁGUA

A água ajuda o fermento a crescer e alimenta o glúten presente na farinha. É importante que esteja em temperatura ambiente ou morna, conforme indicado nas receitas. Colocando o dedo na água morna, você deve senti-la na temperatura do corpo. Em lugares onde ela for muito dura* ou clorada, use água mineral engarrafada. Como regra, em todas as receitas deste livro o fermento deve ser dissolvido em água antes de iniciar a feitura da massa.

* Água que contém cálcio, magnésio e ferro em grande quantidade, por isso não produz espuma.

MASSA AZEDA

Há centenas de anos os panificadores têm misturado trigo, centeio e outros grãos com água para fazer iscas de massa azeda. Os germes não cultivados de fermento estão presentes no ar e na farinha. Misturá-la à água faz com que eles fermentem – ou seja, o fermento se desenvolve e produz dióxido de carbono –, criando uma isca (também conhecida como "mãe"). A isca leva de 3 a 5 dias para se desenvolver, e quando pronta pode ser usada para fazer pão, substituindo o fermento de panificação.

1º dia: Misture 1 colher (chá) de farinha e 2 colheres (chá) de água em um recipiente limpo. Feche bem e deixe descansar durante a noite.

2º, 3º, 4º e 5º dias: Adicione 1 colher (chá) de farinha e 2 colheres (chá) de água ao recipiente e misture. Começarão a surgir cada vez mais bolhas na superfície.

Para fazer uma isca, misture 1 colher (sopa) da mistura do recipiente com 150 g de farinha e 150 ml de água morna (30° ou 35°C) em uma tigela grande. Cubra e deixe fermentar durante a noite. No dia seguinte, use a quantidade de isca que a receita indicar.

Adicione 1 colher (chá) de farinha ao fermento que sobrou no recipiente, feche bem e coloque na geladeira para usar em outra ocasião. Quando deixado na geladeira por muito tempo ele pode se tornar inativo. Nesse caso, descarte o líquido ácido da superfície, adicione 2 colheres (sopa) de farinha e 2 colheres (sopa) de água, misture até formar uma pasta, feche e deixe descansar durante a noite. No dia seguinte, se surgirem bolhas, estará pronto para ser usado como isca. Caso contrário, repita todo o processo acima. Trate sua massa azeda com todo carinho e poderá conservá-la indefinidamente.

FLUID OUNCES
LITRES
500 Gr.

UTENSÍLIOS E EQUIPAMENTO

A precisão é crucial na feitura de pães. Use sempre a medida exata de sal, fermento, farinhas e líquidos. Neste livro, as medidas em quantidades maiores estão em gramas (ingredientes sólidos) e mililitros (líquidos). As medidas de quantidades pequenas, como fermento e sal, são dadas em gramas e também em colheres de chá, pois apenas as balanças de precisão indicam diferenças mínimas em gramas.

Balança: para pesar os ingredientes sólidos (ver parágrafo acima). Se for possível, use uma balança de precisão, que indicará diferenças pequenas, como entre 2 e 4 gramas de fermento.

Ao menos 1 tigela grande (cerca de 2 litros de capacidade) e ao menos 1 tigela média (cerca de 1 litro de capacidade): deve-se poder encaixar uma tigela na outra com firmeza. Isso pode ser feito usando a menor como tampa da maior, ou vice-versa. Acho essa a melhor forma de misturar ingredientes molhados e secos, assim como de cobrir facilmente a massa durante o crescimento. Normalmente uso uma vasilha plástica ou uma tigela refratária – nesse caso, se estiver guardada em um armário frio, antes de usar lave em água morna para aquecê-la.

Assadeira: será necessária para colocar um copo de água e assim gerar vapor no forno. Coloque-a na parte inferior do forno antes de preaquecer.

Fôrmas de pão: para 500 g e de 900 g, tamanhos mais usados neste livro.

Cestinhas para crescimento da massa: têm vários formatos e tamanhos, e são usadas para deixar a massa durante o crescimento. Elas a modelam e dão uma aparência mais bonita à casca do pão assado. São feitas de vários materiais. Não são fundamentais para se fazer pão, mas são um bom investimento para os que querem se dedicar à panificação.

Linho para o crescimento da massa (ou pano de prato limpo): um tecido de linho grosso é tradicionalmente usado para conter a massa dentro das cestinhas (especialmente no caso de baguetes) e também para absorver um pouco da umidade, ajudando a formar a casca do pão. Também se pode usar um pano de prato limpo, grosso e pesado para isso e para cobrir a massa durante o crescimento.

Base de pedra: os panificadores mais ávidos talvez queiram investir em uma base de pedra. Elas podem ser de vários tipos e espessuras, e ajudam a assar o pão de maneira uniforme. Devem ser colocadas no forno e aquecidas lentamente com ele. Se uma pedra fria for colocada em um forno muito quente pode rachar. Ver também "assadeira rasa" (ao lado, acima).

Pá de padeiro: usada para colocar o pão no forno quente.

Assadeira rasa: chapa de metal grosso, com laterais bem baixas (ou sem laterais), para assar tortas individuais ou quitandas – para esse uso, pode ser necessário mais de uma. Ver também "base de pedra" (ao lado, abaixo).

Pão-duro de metal ou **faca serrilhada afiada:** o pão-duro de metal divide a massa com precisão e facilidade, mas uma faca serrilhada bem afiada também serve.

Pão-duro (espátula) de silicone: para raspar a massa e ingredientes espalhados na lateral da tigela, de forma a poder misturá-los corretamente.

Lamé (lâmina de padeiro): uma faquinha muito fina e afiada, como um bisturi, para marcar e fazer talhos na superfície do pão antes de assar. É possível substituí-la por uma gilete nova presa firmemente na ponta de um palito de sorvete (foto na p. 52) ou por uma faca muito afiada.

Além dos equipamentos mais específicos descritos acima, você também precisará de utensílios básicos presentes em qualquer cozinha:

Colher de pau
Colheres medidoras
Escumadeira
Faca grande
Filme de PVC
Fôrmas de bolo redondas
Grade para esfriar os pães
Jarra medidora
Panelas
Papel-manteiga
Peneira fina, coador ou peneira de farinha
Pincel culinário
Rolo de massa
Sacos plásticos comuns ou com fecho hermético
Tábua de corte
Tesoura de cozinha
Timer de cozinha

PROCEDIMENTOS E DICAS

PARA COMEÇAR

1 O mais importante é verificar se você tem todos os ingredientes de que precisa, nas quantidades corretas. Não há nada pior do que começar uma receita e no meio do caminho descobrir que a farinha que você tem é do tipo errado, o fermento está vencido ou não há aveia suficiente.

2 Antes de começar, limpe bem a superfície de trabalho.

3 Meça todos os ingredientes e deixe-os à mão. Algumas receitas listam o mesmo ingrediente duas vezes, em quantidades diferentes. Isso acontece, por exemplo, quando se vai usar 125 g de farinha de trigo para pães em uma etapa da receita e mais 250 g depois. Leve isso em conta quando for verificar se tem farinha suficiente na despensa.

4 Leia a receita inteira para verificar se tem todos os equipamentos necessários, inclusive tigelas, recipientes e fôrmas. Os únicos utensílios mencionados no início das receitas são fôrmas, cestinhas para massa e assadeiras rasas forradas com papel-manteiga. Mas a receita pode requerer outros equipamentos, como os listados na p. 13.

5 Quando uma receita diz que o rendimento será um pão pequeno, significa que ele será feito em uma fôrma de 500 g e terá cerca de doze fatias; já o pão grande será feito em uma fôrma de 900 g e renderá cerca de 21 fatias.

FAZER E SOVAR A MASSA

1 Assegure-se de ter misturado bem os ingredientes secos antes de continuar a receita.

2 Verifique se o fermento está bem dissolvido antes de continuar a receita.

3 Em geral, é aconselhável misturar os ingredientes secos à mistura líquida, de forma a usar a tigela que conteve os secos para cobrir a massa. Acho esse sistema muito bom, então é o que recomendo na maioria das receitas deste livro.

4 Misture muito bem os ingredientes da massa. Comece com uma colher de pau e continue com as mãos quando a massa der liga.

5 Use um pão-duro de silicone para raspar a lateral da tigela e a colher de pau. Adicione à massa e amasse até obter uma bola, pronta para descansar.

6 Cubra com a tigela onde estavam os ingredientes secos. Dessa forma ficará bem fechada e protegida. Se preferir, coloque a tigela com a massa em um saco plástico limpo, sem fechá-lo. Evite usar filme de PVC, pois a massa grudará nele quando crescer.

7 Deixe a massa descansar pelo tempo indicado na receita – em geral 10 minutos. Nesse período, o glúten começará a se formar (p. 8).

8 Depois de descansar, a massa precisa ser sovada para fortalecer e alimentar o glúten. Sigo um método muito simples de sova: veja as instruções da p. 20, com fotos passo a passo. A massa é dobrada sobre si mesma dez vezes, por cerca de 10 segundos dentro da tigela. Não é preciso ficar horas dando socos e pancadas – nem lambuzar o cotovelo!

9 Fazemos esse processo de sova de 10 segundos ao todo quatro vezes, com 10 minutos de descanso entre cada uma. Sempre faço covinhas na massa ao final de cada sova, indicando por quantas sovas ela já passou. Algumas das fotos deste livro mostram isso.

10 Depois dos quatro estágios de sova, cubra a massa novamente (como no passo 6) e deixe descansar por 1 hora, para fermentar e desenvolver o sabor. Cobrir a tigela garante que não se forme uma "pele" sobre a massa.

MODELAR

1 Depois de 1 hora a massa deve ser descoberta. Ela terá cheiro de álcool – o subproduto da fermentação. Também deve haver traços de umidade na tigela ou saco plástico usado para cobrir a massa.

2 A massa terá crescido substancialmente, então dê soquinhos para desinflá-la.

3 Polvilhe um pouco de farinha (a que estiver usando na receita) na superfície de trabalho limpa e coloque a massa.

4 Se ficar muito pegajosa, polvilhe um pouco de farinha sobre ela e/ou as suas mãos.

5 Modele a massa com as mãos, dando formato de bola, oval achatado, pão de fôrma ou outro indicado na receita.

6 As instruções de modelagem da massa nas receitas podem parecer complicadas ou trabalhosas, mas a massa precisa ser manuseada e modelada dessa forma para maximizar o desenvolvimento do glúten e assegurar um crescimento uniforme durante o cozimento.

7 Se for fazer mais de uma unidade de pão, divida a massa em porções iguais com um pão-duro de metal ou uma faca serrilhada afiada. Eu costumo pesar as porções e adicionar ou retirar massa de cada uma até ficarem com o mesmo peso. Isso garante que os pães assem uniformemente.

8 Se perceber que a massa está encolhendo ou que a superfície está rachando durante a modelagem, cubra-a e deixe descansar por 15 minutos.

9 Coloque a massa em uma assadeira rasa forrada com papel--manteiga, nas cestinhas para crescimento enfarinhadas ou na fôrma untada, conforme indicado na receita.

CRESCIMENTO

1 Agora a massa está pronta para crescer. Para isso, o ideal é uma temperatura morna e um pouco de umidade, então ela deve ser coberta.

2 Recomendo preaquecer o forno a 50ºC e depois desligá-lo – **isso é muito importante**. Passe uma das prateleiras para o centro e coloque nela um pano de prato limpo e úmido. Ponha por cima a vasilha com o pão e deixe crescer. Verifique de tempos em tempos, até dobrar de tamanho. Depois que retirar o pão e o pano, preaqueça o forno à temperatura indicada.

3 Se não quiser usar o forno dessa maneira, cubra o pão com uma tigela menor virada para baixo ou coloque a tigela da massa em um saco plástico, sem fechá-lo. Coloque uma xícara com água fervente por perto. Ela e o pano de prato do passo 2 geram a umidade e o calor necessários para o crescimento da massa.

4 O período de crescimento é muito importante, pois faz o fermento se desenvolver, gerando um pão leve e crescido.

TALHAR

1 Depois do período de crescimento, você pode fazer talhos na superfície para criar uma padronagem e também para deixar o ar sair durante o cozimento.

2 Para fazer os talhos na massa pode-se usar um lamé (pp. 13 e 25), uma gilete nova bem presa à ponta de um palito de sorvete ou uma faquinha bem afiada.

3 Sempre faça talhos rasos apenas na superfície e segure o lamé ou a faca em um ângulo de 45ºC em relação à massa.

ASSAR

1 Para a maioria das receitas será preciso preaquecer o forno a 250ºC.

2 Sempre espere o forno alcançar a temperatura indicada. Há diferenças entre os modelos de forno, mas de forma geral é preciso aguardar 20-30 minutos para chegar à temperatura mais alta.

3 Encaixe uma das prateleiras no centro do forno; a fôrma com o pão será colocada nela.

4 Ponha uma assadeira funda na parte inferior do forno.

5 Encha um copo com água e reserve. Ela vai gerar vapor.

6 Se usar uma base de pedra, coloque-a no centro do forno para preaquecer. Nunca ponha uma base de pedra fria no forno quente, pois ela pode rachar com a mudança brusca de temperatura.

7 Quando a massa estiver pronta para ir ao forno, se estiver em uma fôrma deslize-a para a prateleira central e despeje imediatamente a água reservada na assadeira aquecida na base do forno.

8 Se a massa estiver em uma cestinha para crescimento, passe--a para uma pá de padeiro enfarinhada e deslize-a para a base de pedra preaquecida. Se não for usar a pedra, passe a massa para uma assadeira rasa forrada com papel-manteiga e coloque no centro do forno. Lembre-se de despejar a água reservada na assadeira aquecida na base do forno.

9 O vapor é importante por muitos motivos. Quando o pão é colocado no forno, começa a assar de fora para dentro. Se não houver vapor, ele não ficará tão dourado, e a superfície da massa pode rachar. O vapor umedece a superfície do pão e a amacia, deixando as bolhas de ar saírem e impedindo rachaduras. Quando se faz talhos na massa, as incisões ficam mais aparentes. E a cor e a casca do pão serão melhores.

10 Sempre asse o pão no forno preaquecido adequadamente e lembre-se de diminuir a temperatura se isso for indicado.

11 Se o pão estiver escurecendo demais, diminua a temperatura do forno e cubra a fôrma com uma folha de papel-manteiga.

12 Para verificar se o pão está pronto, retire-o da fôrma e bata no fundo com o nós dos dedos – deve soar oco.

13 Se não estiver pronto, recoloque-o no forno por alguns minutos.

14 Se estiver assado, ponha-o na grade do fogão, para esfriar.

15 Lembre-se de que o pão recém-saído do forno ainda está assando, e sua casca parecerá mole por até 15 minutos.

PÃES BÁSICOS E OUTROS COM FERMENTO

PÃO BRANCO SIMPLES
COM DUAS VARIAÇÕES

Esta é a receita que sugiro para você dar início à aventura de fazer pães. É o modelo da maioria das opções deste livro. As variações são feitas exatamente da mesma forma. Como a farinha malthouse é difícil de achar, use a mistura sugerida abaixo.

BRANCO

300 g de farinha de trigo para pães

6 g/1 colher (chá) de sal

6 g de fermento biológico fresco ou 3 g/¾ de colher (chá) de fermento biológico seco

200 ml de água morna

fôrma de pão de 500 g untada com óleo vegetal

RENDIMENTO: 1 PÃO PEQUENO

MALTHOUSE

300 g de farinha malthouse (ou 180 g de farinha de trigo para pães, 80 g de farinha de centeio, 40 g de flocos de trigo e ½ colher (sopa) de extrato de malte)

6 g/1 colher (chá) de sal

6 g de fermento biológico fresco ou 3 g/¾ de colher (chá) de fermento biológico seco

200 ml de água morna

PÃO INTEGRAL

300 g de farinha de trigo integral simples ou de moinho de pedra

6 g/1 colher (chá) de sal

6 g de fermento biológico fresco ou 3 g/¾ de colher (chá) de fermento biológico seco

230 ml de água morna

1 Misture a farinha e o sal em uma tigela média e reserve. Essa é a mistura seca. **(A)**

2 Coloque o fermento em uma tigela grande. **(B)**

3 Adicione a água ao fermento. **(C)**

4 Misture até o fermento dissolver. Essa é a mistura líquida. **(D)**

5 Acrescente a mistura seca à líquida. **(E)**

6 Misture primeiro com uma colher de pau e depois com as mãos, até dar liga e formar uma massa. **(F)**

7 Raspe a lateral da tigela com uma espátula (pão-duro) e amasse até misturar bem todos os ingredientes. **(G)**

8 Cubra com a tigela da mistura seca. **(H)**

A

B

C

D

E

F

G

H

9 Deixe descansar por 10 minutos.

10 Depois desse tempo a massa estará pronta para ser sovada. Puxe um pedaço da lateral e pressione no meio da massa. Gire um pouquinho a tigela e faça o mesmo com mais uma porção. Repita mais oito vezes. O processo todo levará cerca de 10 segundos, e a massa deve começar a oferecer resistência. **(I) (J) (K)**

11 Cubra a tigela de novo e deixe descansar por 10 minutos.

12 Repita os passos 10 e 11 duas vezes. Depois da segunda sova, a massa deve oferecer bastante resistência. **(L)**

13 Depois da terceira sova, a massa deve ficar perfeitamente lisa. **(M)**

14 Repita o passo 10 pela última vez.

15 Depois da quarta sova a massa deve formar uma bola lisa quando for virada na tigela. **(N)**

16 Cubra a tigela de novo e deixe crescer por 1 hora.

17 Quando a massa dobrar de tamanho, soque-a suavemente para liberar o ar. **(O)**

18 Enfarinhe levemente uma superfície de trabalho limpa.

O
P
Q
R
S
T
U
V
W

X

Y

Z

AA

BB

19 Retire a bola de massa da tigela e coloque na superfície enfarinhada. Achate-a levemente, até ficar oval. **(P)**

20 Dobre a ponta direita da massa sobre o centro. **(Q)**

21 Dobre a ponta esquerda da massa sobre o centro. **(R)**

22 Pressione suavemente para selar a massa. Agora ela terá um formato retangular, irregular. **(S)**

23 Comece a modelar a massa em um pão: puxe e dobre a ponta superior do retângulo até ⅓ do centro e pressione. **(T) (U)**

24 Gire a massa 180º e repita o passo 22. Prossiga até obter um pão regular um pouco achatado, mais ou menos do tamanho da fôrma. **(V)**

25 Coloque a massa dentro da fôrma untada com o lado da junção para baixo. **(W)**

(X) mostra nas fôrmas o pão branco básico e as variações, com farinha malthouse e de trigo integral.

26 Cubra a fôrma com a tigela grande ou ponha em um saco plástico limpo, sem fechar, e deixe crescer um pouco – em torno de 30-45 minutos –, até quase dobrar de tamanho.

27 Cerca de 20 minutos antes de assar, preaqueça o forno a 250ºC, ou à temperatura máxima do seu forno. Coloque uma assadeira para aquecer na parte inferior do forno. Encha um copo com água e reserve.

28 Quando a massa terminar de crescer, descubra-a. **(Y)**

29 Coloque a fôrma no forno preaquecido. Despeje a água reservada na assadeira quente para gerar vapor. Diminua a temperatura do forno para 210ºC.

30 Asse por cerca de 35 minutos, até dourar bem. **(Z)**

31 Para saber se o pão está assado, retire-o da fôrma e bata no fundo – deve soar oco. **(AA)**

32 Se não estiver pronto, recoloque-o no forno por alguns minutos. Se estiver assado, ponha-o na grade para esfriar. **(BB)**

A

B

C

PÃEZINHOS

Os pãezinhos são perfeitos para hambúrgueres, e uma ótima alternativa ao pão de fôrma para sanduíches em geral. Também podem ser feitos com farinha malthouse ou integral, como mostram as fotos.

200 g de farinha de trigo para pães

4 g/¾ de colher (chá) de sal

6 g de fermento biológico fresco ou 3 g/¾ de colher (chá) de fermento biológico seco

130 ml de água morna

assadeira forrada com papel-manteiga

RENDIMENTO: 4 PÃEZINHOS

1 Faça a massa do Pão branco simples usando os ingredientes apresentados aqui. Siga as instruções das pp. 19-23, até o final do passo 19.

2 Divida a massa em quatro porções iguais usando um pão-duro de metal ou uma faca serrilhada afiada. **(A)**

3 Cada porção deve pesar cerca de 80 g. Se quiser mais precisão, pese os pedaços e adicione ou retire massa das porções até todas ficarem com o mesmo peso.

4 Enrole uma porção de massa entre as mãos, até obter uma bola perfeita e lisa. Achate levemente um lado e coloque na assadeira forrada, com esse lado para baixo. Repita com a massa restante. **(B)**

5 Cubra os pãezinhos com uma tigela grande. **(C)**

6 Deixe crescer por cerca de 15-20 minutos, até quase dobrar de tamanho.

7 Enquanto isso, preaqueça o forno a 250ºC, ou à temperatura máxima do seu forno. Coloque uma assadeira para aquecer na parte inferior do forno. Encha um copo com água e reserve.

8 Quando os pãezinhos terminarem de crescer, descubra-os.

9 Coloque os pãezinhos no forno preaquecido. Despeje a água reservada na assadeira quente para gerar vapor. Diminua a temperatura do forno para 210ºC.

10 Asse por cerca de 15 minutos, até dourar bem.

11 Para saber se os pães estão assados, retire um da fôrma e bata no fundo – deve soar oco.

12 Se os pãezinhos não estiverem prontos, recoloque-os no forno por alguns minutos. Se estiverem assados, ponha-os na grade para esfriar.

A

B

PÃO DE BICARBONATO

250 g de farinha de trigo para pães ou farinha de trigo integral

6 g/1 colher (chá) de sal

4 g/⅔ de colher (chá) de bicarbonato de sódio

260 ml de leite integral (ou ⅔ de leite e ⅓ de iogurte natural)

1 fôrma de torta untada com óleo vegetal ou 1 assadeira forrada com papel-manteiga

RENDIMENTO: 1 PÃO PEQUENO

Esse é o mais simples dos pães. Não requer fermento nem crescimento, e pode ser feito com farinha branca ou integral, de acordo com a sua preferência. O truque é fazer a massa rapidamente, misturando o mínimo possível, e assar sem demora. Recomendo consumir fresco, ainda quente, com manteiga e geleia caseira.

1 Preaqueça o forno a 210ºC.

2 Misture a farinha, o sal e o bicarbonato em uma tigela e reserve. Essa é a mistura seca.

3 Despeje o leite (ou leite com iogurte) na mistura seca. Misture apenas até dar liga. **(A)**

4 Enfarinhe levemente uma superfície de trabalho limpa.

5 Passe a massa para a superfície de trabalho.

6 Modele a massa em forma de bola e achate levemente. Passe-a em bastante farinha branca ou integral.

7 Faça um talho fundo em forma de cruz na massa com uma faca serrilhada afiada. **(B: mostra uma massa feita com farinha branca e outra com farinha integral)**

8 Coloque na fôrma untada ou na assadeira forrada.

9 Asse no forno preaquecido por 20-30 minutos, até cozinhar bem. Para saber se o pão está assado, vire-o e bata no fundo – deve soar oco.

10 Se não estiver pronto, recoloque-o no forno por alguns minutos.

PÃO INTEGRAL DE BICARBONATO

Criei este pão para o empório Daylesford Organic, em Londres, como uma variação do pão de bicarbonato. Com uma textura interessante e o adocicado das frutas secas, é perfeito para o café da manhã. É preciso começar a fazê-lo com um dia de antecedência.

- 125 g de trigo-cachá ou flocos de trigo
- 50 g de uvas-passas brancas
- 125 ml de leite integral
- suco e raspas de 1 limão-siciliano
- 125 g de farinha de trigo integral
- 3 g/½ colher (chá) de sal
- 3 g/¾ de colher (chá) de bicarbonato de sódio

assadeira rasa forrada com papel-manteiga

RENDIMENTO: 1 PÃO PEQUENO

1 Misture o trigo-cachá ou os flocos de trigo com as uvas--passas, o leite, o suco e as raspas de limão em uma tigela grande. Essa é a mistura líquida.

2 Cubra com uma tigela média virada para baixo. Deixe na geladeira durante a noite.

3 No dia seguinte, preaqueça o forno a 210ºC.

4 Tire a mistura líquida da geladeira. Use a tigela média para misturar a farinha com o sal e o bicarbonato. Essa é a mistura seca.

5 Adicione a mistura seca à líquida e mexa com uma colher de pau até dar liga. **(A)**

6 Se a massa estiver muito seca e não der liga, adicione um pouco de leite.

7 Enfarinhe levemente uma superfície de trabalho limpa.

8 Passe a massa para a superfície de trabalho. Polvilhe um pouco de farinha integral por cima. **(B)**

9 Forme uma bola com a massa e polvilhe bastante farinha. **(C)**

10 Achate a bola levemente e faça um talho fundo em forma de cruz na massa com uma faca serrilhada afiada. **(D)**

11 Coloque a massa na assadeira forrada.

12 Asse no forno preaquecido por 20-30 minutos, até cozinhar bem. Para saber se o pão está assado, vire-o e bata no fundo – deve soar oco.

13 Se não estiver pronto, recoloque-o no forno por alguns minutos. Se estiver assado, ponha-o em uma grade para esfriar.

A

B

C

D

PÃO DE GRÃOS E SEMENTES

Este pão é muito saudável, e as várias sementes lhe dão um delicioso sabor de nozes. Uma única fatia basta para alimentar por muito tempo!

300 ml de água fria
20 g de gergelim
20 g de sementes de linhaça
20 g de trigo-cachá
20 g de sementes de girassol levemente tostadas (opcional)
500 g de farinha de trigo integral
10 g/2 colheres (chá) de sal
15 g de fermento biológico fresco ou 5 g/1¼ de colher (chá) de fermento biológico seco
80 ml de água morna

fôrma de pão de 900 g untada com óleo vegetal

RENDIMENTO:
1 PÃO GRANDE

1 Misture os 300 ml de água com as sementes em uma tigela grande. Essa é a mistura líquida. Cubra com uma tigela média voltada para baixo. Conserve na geladeira durante a noite.

2 No dia seguinte, tire a mistura da geladeira. Use a tigela menor de cima para misturar a farinha e o sal. Essa é a mistura seca.

3 Coloque o fermento medido em uma tigelinha. Adicione os 80 ml de água e mexa até dissolver.

4 Incorpore o fermento dissolvido à mistura líquida. Acrescente a mistura seca e mexa com as mãos até dar liga. Cubra com a tigela média. Deixe descansar por 10 minutos.

5 Sove a massa como no passo 10 da p. 20.

6 Cubra a tigela e deixe descansar por 10 minutos.

7 Repita os passos 5 e 6 duas vezes e o passo 5 mais uma vez. Cubra a tigela novamente e deixe crescer por 1 hora. **(A)**

8 Soque a massa.

9 Enfarinhe uma superfície de trabalho limpa e coloque a massa. Dobre uma ponta para cima sobre o centro. Dobre a ponta oposta sobre o centro. **(B) (C)**

10 Enrole a massa, formando um cilindro com o dobro do comprimento da fôrma. **(D) (E)**

11 Forme com o cilindro um "U" invertido. **(F)**

12 Entrelace as duas pontas até o fim e coloque na fôrma untada. **(G) (H) (I)**

13 Polvilhe farinha sobre a massa. Cubra e deixe crescer em torno de 45 minutos, até dobrar de tamanho. **(J)**

14 Cerca de 20 minutos antes de assar, preaqueça o forno a 250ºC. Coloque uma assadeira na parte inferior. Encha um copo com água.

15 Coloque a massa crescida no forno. Despeje a água na assadeira quente e diminua a temperatura do forno para 230ºC. Asse por cerca de 30 minutos, até dourar bem. Para saber se o pão está assado, retire-o da fôrma e bata no fundo – deve soar oco.

PIZZA

Esta receita rende 5 pizzas individuais. Abra as porções de massa e asse por cerca de 10 minutos, até começar a dourar. Deixe esfriar, embrulhe em filme de PVC e congele para usar futuramente. Depois é só descongelar, colocar as coberturas e assar até dourar.

500 g de farinha de trigo para pães

10 g/2 colheres (chá) de sal

4 g de fermento biológico fresco ou 2 g/½ colher (chá) de fermento biológico seco

250 ml de água morna

coberturas a gosto, como mussarela, sálvia fresca, azeite para regar e sal marinho

papel-manteiga

assadeira rasa

base de pedra e pá de padeiro (opcionais)

RENDIMENTO: 5 PIZZAS

1 Misture a farinha e o sal em uma tigela média e reserve. Essa é a mistura seca.

2 Coloque o fermento em uma tigela grande. Adicione a água e misture até dissolver. Essa é a mistura líquida.

3 Adicione a mistura seca à líquida.

4 Misture com uma colher de pau e depois com as mãos, até dar liga e formar uma massa.

5 Cubra com a tigela menor virada.

6 Deixe descansar por 10 minutos.

7 Sove a massa como no passo 10 da p. 20.

8 Cubra a tigela novamente e deixe descansar por 10 minutos.

9 Repita os passos 7 e 8 duas vezes e finalize com o passo 7.

10 Cubra a tigela e deixe a massa crescer em local fresco por 24 horas.

11 No dia seguinte, quando a massa tiver dobrado de volume, dê soquinhos para liberar o ar.

12 Enfarinhe uma superfície de trabalho.

13 Coloque a massa na superfície de trabalho. Divida em 5 porções iguais, usando um pão-duro de metal ou uma faca serrilhada afiada.

14 Enrole uma porção entre as mãos até obter uma bola perfeita e lisa. Achate levemente um lado e coloque na superfície de trabalho com esse lado para baixo. Repita com as porções de massa restantes. **(A)**

15 Cubra as bolas de massa com uma tigela grande. Deixe descansar por 10 minutos.

16 Abra as porções com um rolo de massa na espessura que preferir. **(B)**

17 Espete os discos de massa com um garfo. **(C)**

18 Coloque sobre folhas de papel-vegetal e espalhe suas coberturas preferidas por cima. Deixe descansar por 10-15 minutos.

19 Enquanto isso, preaqueça o forno a 250ºC. Coloque uma assadeira rasa ou uma base de pedra para aquecer. Ponha uma assadeira na parte inferior do forno. Encha um copo com água e reserve.

20 Deslize a base de pizza para a pá de padeiro, se usar. **(D)**

21 Passe a pizza para a assadeira rasa ou a base de pedra preaquecidas. Despeje a água na assadeira quente para gerar vapor. Diminua a temperatura do forno para 230ºC.

22 Asse por cerca de 15 minutos, até dourar bem. Repita com as bases restantes, uma por vez.

A

B

C

D

CIABATTA

Este famoso pão italiano foi nomeado em função de sua aparência característica: *ciabatta* significa "chinelo". É preciso tempo e paciência (e azeite!) para criar as bolhas da textura desse pão. Fica melhor quente com manteiga ou mergulhado em azeite com vinagre balsâmico.

200 g de farinha de trigo para pães
4 g/¾ de colher (chá) de sal
4 g de fermento biológico fresco ou 2 g/½ colher (chá) de fermento biológico seco
150 ml de água morna
cerca de 50 ml de azeite

assadeira rasa forrada com papel-manteiga

**RENDIMENTO:
2 CIABATTAS PEQUENAS**

1 Misture a farinha e o sal em uma tigela média e reserve. Essa é a mistura seca.

2 Coloque o fermento em uma tigela grande. Adicione a água e misture até dissolver. Essa é a mistura líquida.

3 Adicione a mistura seca à líquida.

4 Misture com uma colher de pau e depois com as mãos, até obter uma massa um pouco pegajosa.

5 Coloque cerca de ⅓ do azeite em outra tigela grande e adicione a massa.

6 Cubra e deixe descansar por 1 hora.

7 Depois desse tempo, dobre a massa duas vezes, com cuidado.

8 Cubra com a tigela da mistura seca.

9 Repita os passos 6 a 8 três vezes, sempre adicionando um pouco de azeite antes de deixar a massa descansar, para não grudar muito no fundo da tigela.

10 No final do ciclo de descanso, a massa deve estar crescida e com bolhas.

11 Enfarinhe uma superfície de trabalho limpa.

12 Coloque a massa na superfície de trabalho com cuidado, para não estourar as bolhas de ar. **(A)**

13 Divida a massa em 2 porções iguais usando um pão-duro de metal ou uma faca serrilhada afiada.

14 Se quiser mais precisão, pese as porções e adicione ou retire massa até ficarem iguais.

15 Enfarinhe as mãos e modele as massas em forma achatada. Passe-as na farinha. **(B)**

16 Coloque as massas na assadeira forrada. **(C)**

17 Deixe descansar por 5-10 minutos.

18 Enquanto isso, preaqueça o forno a 250ºC.

19 Asse no forno preaquecido por cerca de 15 minutos, até dourar bem. (Não será preciso colocar água no forno, pois a massa da ciabatta é úmida e gera vapor por si só.)

20 Para saber se as ciabattas estão assadas, vire-as e bata no fundo – devem soar ocas.

21 Se não estiverem prontas, recoloque-as no forno por alguns minutos. (Não asse demais, pois a ciabatta deve ser bem macia por dentro e ter a casca fina.) Se estiverem assadas, coloque-as na grade para esfriar.

A

B

C

D

FOCACCIA

A focaccia é feita com a mesma massa da ciabatta, mas pode ser usada como base para coberturas deliciosas. Parta em pedaços e coma em piqueniques ou viagens longas de carro.

200 g de farinha de trigo para pães

4 g/¾ de colher (chá) de sal

4 g de fermento biológico fresco ou 2 g/½ colher (chá) de fermento biológico seco

150 ml de água morna

cerca de 50 ml de azeite, mais um pouco para regar

coberturas a gosto (mussarela, raminhos de alecrim e sal marinho; ou cebola roxa fatiada e pedaços de batata cozida; ou azeitonas pretas kalamata descaroçadas; ou tomates-cereja cortados ao meio e tomates secos)

assadeira rasa forrada com papel-manteiga

RENDIMENTO: 1 FOCACCIA

1 Misture a farinha e o sal em uma tigela média e reserve. Essa é a mistura seca.

2 Coloque o fermento em uma tigela grande. Adicione a água e misture até dissolver. Essa é a mistura líquida.

3 Adicione a mistura seca à líquida.

4 Misture com uma colher de pau e depois com as mãos, até obter uma massa um pouco pegajosa.

5 Coloque cerca de ⅓ do azeite em outra tigela grande e adicione a massa. **(A)**

6 Cubra e deixe descansar por 1 hora.

7 Depois desse tempo, dobre a massa duas vezes, com cuidado. **(B)**

8 Cubra com a tigela da mistura seca.

9 Repita os passos 6 a 8 três vezes, sempre adicionando um pouco de azeite antes de deixar a massa descansar, para não grudar muito no fundo da tigela.

10 No final do ciclo de descanso, a massa deve estar crescida e com bolhas. **(C)**

11 Passe a massa para a assadeira forrada. Cuidado para não estourar as bolhas de ar.

12 Cubra e deixe descansar por 10 minutos.

13 Pressione a massa com as pontas dos dedos, achatando e esticando, até obter um quadrado irregular. **(D)**

14 Cubra e deixe descansar por 10 minutos.

15 Espalhe as coberturas escolhidas sobre a focaccia e pressione-as levemente na massa. Se usar as azeitonas, distribua-as sobre metade da massa, dobre a outra metade por cima e pressione para fechar. Assim elas não queimarão no forno. Regue as coberturas com um pouco de azeite. **(E) (F) (G) (H)**

16 Cubra e deixe crescer por cerca de 20 minutos, até quase dobrar de tamanho.

17 Enquanto isso, preaqueça o forno a 250ºC.

18 Asse no forno preaquecido por 15-20 minutos, até dourar bem. (Não será preciso colocar água no forno, pois a massa da focaccia é úmida e gera vapor por si só.)

19 Para saber se a focaccia está pronta, vire-a e bata no fundo – deve soar oco.

20 Se não estiver pronta, recoloque-a no forno rapidamente. Se estiver pronta, coloque-a na grade para esfriar.

E

F

G

H

PÃO DE AZEITONA E ERVAS

As azeitonas sempre fizeram parte de minha vida – meu pai é grego e ainda as salga e cura onde vive, em seu país. Elas dão um sabor delicioso ao pão.

40 g de azeitonas verdes descaroçadas ou recheadas com pimentão

40 g de azeitonas pretas descaroçadas

1 colher (chá) de ervas secas misturadas (como ervas da Provença)

250 g de farinha de trigo para pães

4 g/¾ de colher (chá) de sal

6 g de fermento biológico fresco ou 3 g/¾ de colher (chá) de fermento biológico seco

180 ml de água morna

assadeira rasa forrada com papel-manteiga

RENDIMENTO:
1 PÃO PEQUENO

1 Misture as azeitonas com as ervas e reserve.

2 Junte a farinha e o sal em uma tigela média e misture. Essa é a mistura seca.

3 Coloque o fermento em uma tigela grande. Adicione a água e misture até dissolver. Essa é a mistura líquida.

4 Adicione a mistura seca à líquida.

5 Misture com uma colher de pau e depois com as mãos, até dar liga e formar uma massa.

6 Cubra com a tigela da mistura seca.

7 Deixe descansar por 10 minutos.

8 Adicione as azeitonas com ervas à massa. Sove suavemente, como no passo 10 da p. 20, até as azeitonas ficarem bem incorporadas.

9 Cubra novamente e deixe descansar por 10 minutos.

10 Repita os passos 8 e 9 duas vezes e finalize com o 8. Cubra a tigela outra vez e deixe crescer por 1 hora.

11 Quando dobrar de tamanho, dê soquinhos para liberar o ar. **(A)**

12 Enfarinhe levemente uma superfície de trabalho limpa.

13 Coloque a massa na superfície enfarinhada. Estique-a suavemente até obter um retângulo longo. **(B)**

14 Dobre o terço esquerdo do retângulo para a direita. **(C)**

15 Dobre o terço direito por cima. **(D)**

16 Pressione levemente para selar a massa. Agora ela terá formato retangular uniforme.

17 Vire a massa e coloque na assadeira forrada. Polvilhe farinha. **(E)**

18 Cubra e deixe crescer em torno de 30-45 minutos, até quase dobrar de tamanho.

19 Cerca de 20 minutos antes de assar, preaqueça o forno a 250ºC. Coloque uma assadeira na parte inferior para aquecer. Encha um copo com água e reserve.

20 Quando terminar o crescimento, retire a tigela de cima.

21 Coloque a massa no forno. Despeje a água na assadeira quente e diminua a temperatura do forno para 220ºC.

22 Asse por cerca de 35 minutos, até dourar bem.

23 Para saber se o pão está assado, vire-o e bata no fundo – deve soar oco.

24 Se não estiver pronto, recoloque-o no forno por alguns minutos. Se estiver assado, ponha-o na grade para esfriar.

A

B

C

D

E

250 g de farinha malthouse (ou 180 g de farinha de trigo para pães, 80 g de farinha de centeio, 40 g de flocos de trigo e ½ colher (sopa) de extrato de malte)

6 g/1 colher (chá) de sal

75 g de nozes picadas

6 g de fermento biológico fresco ou 3 g/¾ de colher (chá) de fermento biológico seco

180 ml de água morna

assadeira rasa forrada com papel-manteiga

RENDIMENTO: 1 PÃO PEQUENO

PÃO DE NOZES

As nozes dão um sabor maravilhoso a este pão, que fica ótimo com queijo ou como quitute para o fim de semana.

1 Misture a farinha, o sal e as nozes em uma tigela média. Essa é a mistura seca.

2 Coloque o fermento em uma tigela grande. Adicione a água e misture até dissolver. Essa é a mistura líquida.

3 Adicione a mistura seca à líquida. Misture com uma colher de pau e depois com as mãos, até dar liga e formar uma massa.

4 Cubra com a tigela da mistura seca.

5 Deixe descansar por 10 minutos.

6 Sove a massa como no passo 10 da p. 20.

7 Cubra a tigela novamente e deixe descansar por 10 minutos.

8 Repita os passos 6 e 7 duas vezes e finalize com o passo 6. Cubra novamente com a tigela menor ou ponha em um saco plástico, sem fechar, e deixe crescer por 1 hora.

9 Não cubra a massa com tecido, para não formar uma casquinha na superfície. **(A)**

10 Dê soquinhos na massa para liberar o ar. Enfarinhe levemente uma superfície de trabalho limpa.

11 Coloque a massa na superfície enfarinhada. Forme uma bola com as mãos. **(B)**

12 Achate-a com cuidado, até formar um círculo regular. Pressione o dedo indicador no centro, fazendo um buraco. **(C)**

13 Alargue um pouco o buraco. Coloque a massa na assadeira forrada. **(D)**

14 Cubra novamente e deixe a massa crescer em torno de 30-45 minutos, até quase dobrar de tamanho.

15 Cerca de 20 minutos antes de assar, preaqueça o forno a 250ºC. Coloque uma assadeira na parte inferior para aquecer. Encha um copo com água e reserve.

16 Quando terminar o crescimento, retire a tigela de cima. Polvilhe a massa com farinha. **(E)**

17 Faça um talho em forma quadrada sobre a massa com uma faca serrilhada. **(F)**

18 Coloque a massa no forno preaquecido. Despeje a água na assadeira quente e diminua a temperatura para 220ºC.

19 Asse por cerca de 30 minutos, até dourar bem.

20 Para saber se o pão está assado, vire-o e bata no fundo – deve soar oco.

21 Se não estiver pronto, asse por alguns minutos. Se estiver assado, ponha-o na grade para esfriar.

PÃO DE PECÃS E PASSAS

A combinação de nozes-pecãs e uvas-passas brancas funciona muito bem em pães. Aprendi esta receita quando trabalhava no Savoy, em Londres; fazia parte da cesta de pães oferecida no almoço e no jantar.

- 35 g de nozes-pecãs picadas
- 35 g de uvas-passas brancas
- 200 g de farinha de trigo para pães
- 50 g de farinha de trigo integral
- 5 g/1 colher (chá) de sal
- 6 g de fermento biológico fresco ou 3 g/¾ de colher (chá) de fermento biológico seco
- 180 ml de água morna

assadeira rasa forrada com papel-manteiga

RENDIMENTO: 1 PÃO PEQUENO

1 Coloque as pecãs e as uvas-passas e reserve.

2 Misture a farinha e o sal em uma tigela média e reserve. Essa é a mistura seca.

3 Coloque o fermento em uma tigela grande. Adicione a água e misture até dissolver. Essa é a mistura líquida.

4 Adicione a mistura seca à líquida.

5 Misture com uma colher de pau e depois com as mãos, até dar liga e formar uma massa.

6 Cubra com a tigela da mistura seca.

7 Deixe descansar por 10 minutos.

8 Adicione as pecãs e as passas à massa. Sove como no passo 10 da p. 20, tomando cuidado para não esmagar as pecãs e as passas.

9 Cubra a tigela novamente e deixe descansar por 10 minutos.

10 Repita os passos 8 e 9 duas vezes e finalize com o passo 8. Cubra a tigela novamente e deixe crescer por 1 hora.

11 Quando a massa dobrar de tamanho, dê soquinhos para liberar o ar.

12 Enfarinhe levemente uma superfície de trabalho limpa e coloque a massa.

13 Dobre uma ponta da massa sobre o centro. Dobre a ponta oposta sobre o centro. **(A) (B)**

14 Enrole a massa até obter um cilindro; afile as pontas.

15 Salpique farinha sobre o cilindro. Faça talhos diagonais ao longo dele com uma faca serrilhada afiada.

16 Coloque na assadeira forrada. Cubra e deixe crescer em torno de 30-45 minutos, até quase dobrar de tamanho.

17 Cerca de 20 minutos antes de assar, preaqueça o forno a 250ºC. Coloque uma assadeira na parte inferior para aquecer. Encha um copo com água e reserve.

18 Quando terminar o crescimento, retire a tigela de cima.

19 Coloque a massa no forno preaquecido. Despeje a água na assadeira quente e diminua a temperatura para 220ºC.

20 Asse por cerca de 30 minutos, até dourar bem.

21 Para saber se o pão está assado, vire-o e bata no fundo – deve soar oco.

22 Se não estiver pronto, recoloque-o no forno por alguns minutos. Se estiver assado, ponha-o na grade do fogão para esfriar.

PÃO DE CERVEJA

Esta receita leva cerveja comum, porém, pode-se usar também uma mais encorpada. A bebida entra no lugar da água e faz a massa crescer de um modo incrível. Este pão fica ótimo em sanduíches com queijo e chutney.

400 g de farinha malthouse (ou 240 g de farinha de trigo para pães, 100 g de farinha de centeio, 60 g de flocos de trigo e ½ colher (sopa) de extrato de malte)

10 g/1 colher (chá) de sal

200 g de farinha malthouse ou farinha de trigo para pães

4 g de fermento biológico fresco ou 2 g/½ colher (chá) de fermento biológico seco

200 ml de cerveja tipo ale (ou outra)

8 g de fermento biológico fresco ou 3 g/1 colher (chá) de fermento biológico seco

200 ml de cerveja tipo ale (ou outra)

flocos de aveia para cobrir

cestinha para crescimento da massa de 900 g untada ou assadeira rasa forrada com papel-manteiga

RENDIMENTO: 4 PÃEZINHOS

1 Peneire os 400 g de farinha malthouse (ou da mistura) em uma tigela média. Reserve os grãos que sobrarem na peneira em um prato raso.

2 Misture o sal com a farinha peneirada e reserve. Essa é a mistura seca.

3 Peneire os 200 g de farinha em uma tigela menor e adicione os grãos restantes ao prato raso.

4 Coloque os 4 g de fermento fresco, ou o equivalente seco, em uma tigela grande. Adicione os 200 ml de cerveja e misture até dissolver. Essa é a mistura líquida. (Deixe a segunda dose de cerveja em local fresco, mas não na geladeira). **(A)**

5 Misture os 200 g de farinha peneirada à mistura líquida, até dar liga. **(B) (C)**

6 Cubra e deixe fermentar durante a noite em local fresco.

7 No dia seguinte, coloque os 8 g de fermento fresco ou o equivalente seco em uma tigela média. Adicione os 200 ml restantes de cerveja e misture até dissolver. (Não se preocupe se ela estiver choca.) Acrescente à mistura fermentada e mexa bem.

8 Adicione a mistura seca reservada e mexa com uma colher de sopa até dar liga. **(D) (E)**

9 Cubra com a tigela da mistura seca e deixe descansar por 10 minutos.

10 Sove como no passo 10 da p. 20. Cubra novamente e deixe descansar por 10 minutos.

11 Repita o passo 10 três vezes. Na última, deixe a massa crescer por 1 hora. **(F)**

12 Quando a massa tiver dobrado de tamanho, dê soquinhos para tirar o ar. Enfarinhe levemente uma superfície de trabalho e coloque a massa.

13 Divida em quatro porções iguais usando um pão-duro de metal ou uma faca serrilhada afiada. **(G)**

14 Enrole as porções de massa entre as mãos até obter bolas perfeitas e lisas. **(H)**

15 Adicione aveia à vontade ao prato com os grãos reservados e misture.

16 Passe uma face de cada bola nos grãos. Coloque na cestinha untada com a face coberta para baixo. **(I)**

17 Deixe a massa crescer por 30-45 minutos, até quase dobrar de tamanho. **(J)**

18 Cerca de 20 minutos antes de assar, preaqueça o forno a 250ºC e coloque uma base de pedra ou assadeira rasa para esquentar. Ponha uma assadeira na parte inferior do forno para aquecer. Encha um copo com água.

19 Vire a cestinha em cima da pá de padeiro e descubra os pães. Deixe deslizar para a base de pedra ou assadeira rasa. Despeje a água na fôrma de baixo e diminua a temperatura do forno para 220ºC. **(K)**

20 Asse por 30 minutos, até dourar.

21 Para saber se um pão está assado, vire-o e bata no fundo – deve soar oco.

22 Se não estiver pronto, recoloque-o no forno por alguns minutos. Se estiver pronto, ponha-o na grade para esfriar.

F

G

H

I

J

K

BAGUETE FEITA COM POOLISH

Esta é a forma tradicional de fazer baguetes. No método "poolish" (pré-fermento), uma esponja de massa úmida é deixada fermentar durante a noite e depois misturada aos demais ingredientes. O sabor autêntico resultante vale o tempo e o esforço.

- 4 g de fermento biológico fresco ou 2 g/½ colher (chá) de fermento biológico seco
- 125 ml de água morna
- 425 g de farinha de trigo para pães
- 5 g/ 1 colher (chá) de sal
- 4 g de fermento biológico fresco ou 2 g/½ colher (chá) de fermento biológico seco
- 140 ml de água morna

linho ou pano de prato limpo

assadeira rasa

pá de padeiro longa enfarinhada (opcional)

papel-manteiga

RENDIMENTO: 3 BAGUETES

1 Coloque os 4 g de fermento fresco ou o equivalente seco em uma tigela grande. Adicione 125 ml de água e misture até dissolver. Acrescente 125 g de farinha e mexa com uma colher de pau até formar uma pasta lisa. Cubra a tigela e deixe fermentar durante a noite em temperatura ambiente. Esse é o poolish.

2 No dia seguinte, misture os 300 g de farinha restantes com o sal em uma tigela média e reserve. Essa é a mistura seca.

3 Coloque o fermento restante em uma tigela média, adicione os 140 ml de água e mexa até dissolver.

4 Misture o fermento dissolvido com o poolish. Adicione a mistura seca e amasse com as mãos, até dar liga. **(A) (B)**

5 Cubra e deixe descansar por 10 minutos.

6 Sove a massa como no passo 10 da p. 20.

7 Cubra a tigela novamente e deixe descansar por 10 minutos.

8 Repita os passos 6 e 7 duas vezes e finalize com o 6. **(C)**

9 Cubra a tigela novamente e deixe crescer por 1 hora.

10 Enfarinhe levemente uma superfície de trabalho limpa. Dê soquinhos na massa e coloque sobre a superfície. Divida em 3 porções iguais – pese cada uma e adicione ou retire massa, até uniformizar. **(D)**

11 Achate levemente as porções, dando-lhes formato oval. Puxe as pontas das massas para fora e dobre sobre o centro, formando um retângulo irregular **(E) (F)**

12 Puxe e dobre a parte superior de um retângulo até um terço do caminho para o centro. Pressione a massa. Gire-a 180º e repita. Continue até obter uma massa uniforme e longa. **(G) (H)**

13 Repita com as porções restantes. Coloque o lado da junção para baixo, cubra e deixe descansar por 15 minutos. **(I)**

14 Vire uma massa e achate-a levemente. Dobre a ponta superior até um terço do caminho para o centro e pressione. Repita com a ponta esquerda e continue até enrolar. **(J) (K)**

15 Enrole a massa entre as mãos até obter uma baguete do comprimento da assadeira (ou como preferir). Repita com as porções restantes. **(L)**

16 Polvilhe o linho ou pano de prato com farinha e coloque sobre a assadeira rasa. Espalhe as massas sobre o tecido, com a junção para cima. Puxe um pouco do tecido entre elas para cima, para separá-las. **(M)**

17 Cubra com o tecido e deixe crescer em torno de 1 hora, até dobrar de tamanho. **(N)**

18 Cerca de 20 minutos antes de assar, preaqueça o forno a 250ºC. Ponha uma assadeira na parte inferior do forno para aquecer. Encha um copo com água e reserve.

19 Quando a massa terminar de crescer, ponha as baguetes em uma assadeira rasa forrada. Polvilhe farinha e faça talhos ao longo das massas com um lamé ou uma faca serrilhada. **(O) (P)**: mostra as massas sobre a pá de padeiro, antes de assar)

20 Coloque no forno e despeje a água reservada na assadeira quente.

21 Asse por cerca de 10-15 minutos, até dourar bem. Para saber se um pão está assado, vire-o e bata no fundo – deve soar oco. Se estiver assado, ponha-o na grade para esfriar.

I

J

K

L

M

N

O

P

2 g/2⅓ colheres (sopa) de fermento biológico seco

50 ml de água morna

40 g de farinha de trigo para pães

30 g/2 colheres (sopa) de manteiga com sal

80 g de açúcar

raspas de ½ laranja

4 g/1 colher (chá) de mahleb (especiaria feita do caroço de cerejas pretas)

4 g/1 colher (chá) de cardamomo moído

1 ovo médio

200 g de farinha de trigo para pães

1 ovo médio batido com uma pitada de sal para pincelar

assadeira rasa forrada com papel-manteiga ou fôrma de pão de 500 g untada com óleo vegetal

RENDIMENTO: 1 PÃO PEQUENO

TSOUREKI

O tsoureki é um lindo pão doce usado para quebrar o jejum da Páscoa na Grécia. Fiz muitos desses pães quando trabalhei lá, assim como os ovos vermelhos cozidos que costumam ser colocados no meio deles. Também tenho fortes lembranças desse pão em minha infância.

1 Coloque o fermento em uma tigela grande. Adicione a água e misture até dissolver. Junte os 40 g de farinha e misture com uma colher de pau, até uniformizar. Esse é o pré-fermento.

2 Cubra a tigela e deixe a mistura fermentar em local fresco por cerca de 30 minutos, até dobrar de tamanho.

3 Enquanto isso, derreta a manteiga em uma panela.

4 Adicione o açúcar e deixe em fogo baixo. Misture com uma colher de pau.

5 Quando o açúcar dissolver, tire a panela do fogo e misture as raspas de laranja e as especiarias. Deixe esfriar, batendo de vez em quando.

6 Quando amornar, junte o ovo e bata até uniformizar.

7 Assim que o pré-fermento ficar pronto, descubra-o – ele deve ficar esponjoso. Acrescente os 200 g de farinha e a manteiga com açúcar e misture até dar liga. Ficará bem espesso.

8 Cubra e deixe descansar por 10 minutos.

9 Sove como no passo 10 da p. 20.

10 Cubra a tigela novamente e deixe descansar por 10 minutos.

11 Repita os passos 9 e 10 duas vezes e finalize com o passo 9.

12 Cubra a tigela e deixe crescer por 1 hora.

13 Quando a massa dobrar de tamanho, dê soquinhos para liberar o ar.

14 Enfarinhe levemente uma superfície de trabalho limpa e coloque a massa. Divida-a em 4 porções iguais – pese cada uma e adicione ou retire massa até uniformizar.

15 Enrole as porções de massa até obter cilindros com cerca de 25 cm de comprimento com pontas afiladas. Estique-os na superfície de trabalho formando um "leque" e pressione as pontas da base para juntá-las. Siga o passo a passo das fotografias da página seguinte para trançar a massa na forma do tsoureki.

16 Embuta bem as pontas da massa. Coloque na assadeira forrada ou na fôrma untada.

17 Cubra e deixe crescer em torno de 30-45 minutos, até quase dobrar de tamanho.

18 Cerca de 20 minutos antes de assar, preaqueça o forno a 250ºC. Coloque uma assadeira na parte inferior para aquecer. Encha um copo com água e reserve.

19 Quando o tsoureki terminar de crescer, pincele-o inteiro com o ovo batido com sal.

20 Coloque no forno preaquecido. Despeje a água na assadeira quente e diminua a temperatura para 220ºC.

21 Asse por cerca de 20 minutos, até dourar bem.

22 Para saber se o pão está assado, vire-o e bata no fundo – deve soar oco. Se estiver pronto, ponha em uma grade para esfriar.

CHALLAH

A challah é o pão do shabat judeu e pode ser feita em forma espiral, como descrito aqui, ou trançada com 4 ou 6 tiras de massa (foto ao lado). Tem sabor delicado e pode ser consumida com alimentos salgados ou doces.

250 g de farinha de trigo para pães

4 g/¾ de colher (chá) de sal

15 g/1 colher (sopa) de açúcar

12 g de fermento biológico fresco ou 4 g/1 colher (chá) de fermento biológico seco

80 ml de água morna

1 gema de ovo médio

1 ovo médio inteiro

20 ml de óleo de girassol

1 ovo médio batido com uma pitada de sal para pincelar

gergelim ou sementes de papoula

assadeira rasa forrada com papel-manteiga

RENDIMENTO: 1 PÃO PEQUENO

1 Misture a farinha, o sal e o açúcar em uma tigela média e reserve. Essa é a mistura seca.

2 Coloque o fermento em uma tigela grande. Adicione a água e misture até dissolver.

3 Bata levemente a gema com o ovo inteiro e misture ao fermento. Essa é a mistura líquida.

4 Adicione a mistura seca à líquida.

5 Misture com uma colher de pau. Incorpore o óleo, mexendo até uniformizar.

6 Cubra com a tigela da mistura seca.

7 Deixe descansar por 10 minutos.

8 Sove a massa como no passo 10 da p. 20.

9 Cubra a tigela novamente e deixe descansar por 10 minutos.

10 Repita os passos 8 e 9 duas vezes e finalize com o 8.

11 Cubra a tigela e deixe crescer por 1 hora.

12 Quando a massa dobrar de tamanho, dê soquinhos para liberar o ar.

13 Enfarinhe levemente uma superfície de trabalho limpa e coloque a massa.

14 Enrole a massa com as mãos até obter um cilindro longo com pontas afiladas. (Ou então divida-a em 6 ou 4 porções iguais, enrole em cilindros longos e finos e trance da forma tradicional.)

15 Enrole a massa em caracol, bem justo, e embuta as pontas. Coloque na assadeira forrada. **(A)**

16 Pincele toda a massa com o ovo batido com sal. **(B)**

17 Salpique sementes de papoula ou gergelim. **(C)**

18 Cubra e deixe crescer em torno de 30-45 minutos, até quase dobrar de tamanho. **(D)**

19 Cerca de 20 minutos antes de assar, preaqueça o forno a 250ºC. Coloque uma assadeira na parte inferior para aquecer. Encha um copo com água e reserve.

20 Coloque a challah no forno. Despeje a água na assadeira quente e diminua a temperatura para 220ºC.

21 Asse por cerca de 20 minutos, até dourar bem.

22 Para saber se o pão está assado, vire-o e bata no fundo – deve soar oco.

23 Se não estiver pronto, recoloque-o no forno por alguns minutos. Se estiver assado, ponha-o na grade para esfriar.

A

B

C

D

BAGEL

Tradicionalmente recheados com cream cheese e lox (salmão defumado), os bagels hoje podem ter vários sabores, salgados e doces. A fervura, parte do processo de cozimento, torna esse pão bastante incomum, mas é ela que o torna tão delicioso de mastigar.

500 g de farinha de trigo para pães

10 g/2 colheres (chá) de sal

20 g/4 colheres (chá) de açúcar

10 g de fermento biológico fresco ou 4 g/1 colher (chá) de fermento biológico seco

240 ml de água morna

1 ovo médio levemente batido

25 g de manteiga em temperatura ambiente

5 g/1 colher (chá) de sal

1 ovo médio batido com uma pitada de sal para pincelar

sementes de papoula ou gergelim (opcional)

assadeira rasa forrada com papel-manteiga

1 panela com capacidade para 2 litros

RENDIMENTO:
9 BAGELS

1 Misture a farinha, os 10 g de sal e o açúcar em uma tigela média e reserve. Essa é a mistura seca.

2 Coloque o fermento em uma tigela grande. Adicione a água e misture até dissolver.

3 Acrescente o ovo e a manteiga e misture bem. Essa é a mistura líquida.

4 Adicione a mistura seca à líquida.

5 Misture com uma colher de pau, até dar liga.

6 Cubra com a tigela da mistura seca e deixe descansar por 10 minutos.

7 Sove a massa como no passo 10 da p. 20.

8 Cubra a tigela novamente e deixe descansar por 10 minutos.

9 Repita os passos 7 e 8 duas vezes e finalize com o 7.

10 Cubra a tigela e deixe crescer por 1 hora.

11 Quando a massa dobrar de tamanho, dê soquinhos para liberar o ar.

12 Enfarinhe levemente uma superfície de trabalho limpa e coloque a massa.

13 Enrole a massa até formar um cilindro grosso. Corte em 9 porções iguais, usando um pão-duro de metal ou uma faca serrilhada afiada. Forme bolinhas com as porções.

14 Enfie o dedo no centro de cada massa e gire até obter um buraco uniforme. **(A)**

15 Coloque os bagels na assadeira forrada, cubra e deixe descansar por 10 minutos. **(B)**

16 Quando esse período estiver terminando, encha a panela com água até a metade, adicione os 5 g de sal e deixe ferver.

17 Cozinhe os bagels na água fervente, em levas de 3 ou 4, até subirem à superfície.

18 Vire-os e ferva por mais 5 minutos. **(C)**

19 Recoloque os bagels na assadeira forrada e deixe esfriar um pouco.

20 Preaqueça o forno a 250ºC. Coloque uma assadeira na parte inferior para aquecer. Encha um copo com água e reserve.

21 Pincele os pães com o ovo batido com sal.

22 Se preferir, passe-os pelas sementes de gergelim ou papoula e recoloque na assadeira. **(D)**

23 Leve ao forno. Despeje a água na assadeira quente e diminua a temperatura para 220ºC.

24 Asse por cerca de 15 minutos, até dourar bem.

25 Para saber se um bagel está pronto, vire-o e bata no fundo – deve soar oco.

26 Se não estiver pronto, recoloque-o no forno por alguns minutos. Se estiver pronto, ponha-o na grade para esfriar.

PÃO SÍRIO

É muito divertido observar os pães sírios no forno. Eles estufam de uma hora para a outra – e ficam perfeitos para rechear com várias coisas.

200 g de farinha de trigo
4 g/¾ de colher (chá) de sal
4 g de fermento biológico fresco ou 2 g/½ colher (chá) de fermento biológico seco
120 ml de água morna

assadeira

RENDIMENTO: 6 MINIPÃES

1 Misture a farinha e o sal em uma tigela média e reserve. Essa é a mistura seca.

2 Coloque o fermento em uma tigela grande. Adicione a água e misture até dissolver. Essa é a mistura líquida.

3 Adicione a mistura seca à líquida.

4 Misture com uma colher de pau e depois com as mãos, até dar liga e formar uma massa.

5 Cubra com a tigela da mistura seca e deixe descansar por 10 minutos.

6 Sove a massa suavemente, como no passo 10 da p. 20.

7 Cubra a tigela novamente e deixe descansar por 10 minutos.

8 Repita os passos 6 e 7 duas vezes e finalize com o 6. **(A)**

9 Cubra a tigela novamente e deixe crescer por 1 hora.

10 Quando a massa dobrar de tamanho, dê soquinhos para liberar o ar.

11 Enfarinhe levemente uma superfície de trabalho limpa e coloque a massa.

12 Divida em seis porções iguais, usando um pão-duro de metal ou uma faca serrilhada afiada. Se quiser mais precisão, pese as porções e adicione ou retire massa, até uniformizar. **(B)**

13 Enrole as porções entre as mãos, formando bolinhas. **(C)**

14 Cubra e deixe descansar por 10 minutos.

15 Preaqueça o forno a 250ºC. Coloque uma assadeira na grade central para aquecer.

16 Com o rolo de massa, abra as bolinhas em discos. Cubra e deixe crescer por 10 minutos. **(D) (E)**

17 Quando terminarem de crescer, polvilhe as massas com farinha e coloque no forno, na assadeira preaquecida.

18 Asse até estufar bem. O tempo varia, então fique de olho. Não se preocupe se os pães não ficarem redondinhos após assados – o importante é que estufem! **(F)**

19 Coloque em uma grade para esfriar um pouquinho. Quando os pães estiverem mornos, guarde em um saco de papel para não ressecarem.

A
B
C
D

E

F

PÃO ARMÊNIO ACHATADO

Este pão delicado e crocante também fazia parte da cesta de pães do Savoy quando eu trabalhei lá. Fica perfeito com uma taça de vinho, como petisco ou entrada.

30 ml de azeite
30 ml de água
1 dente de alho amassado
160 g de farinha de trigo para pães
5 g/1 colher (chá) de sal
50 ml de azeite
75 ml de água
½ cebola roxa em fatias finas

PARA SALPICAR

sementes de papoula ou gergelim
sementes de nigela (cominho-preto)

4 assadeiras rasas forradas com papel--manteiga

RENDIMENTO: CERCA DE 24 PORÇÕES

1 Coloque os 30 ml de azeite, 30 ml de água e o alho em uma tigelinha e deixe em infusão.

2 Coloque a farinha e o sal em uma tigela média e reserve. Essa é a mistura seca.

3 Misture os 50 ml de azeite e os 75 ml de água em uma tigela média. Adicione a mistura seca e mexa bem, até dar liga.

4 Cubra com a tigela da mistura seca.

5 Deixe descansar por 5 minutos.

6 Sove a massa suavemente, como no passo 10 da p. 20.

7 Cubra a tigela novamente e deixe descansar por 5 minutos.

8 Repita os passos 6 e 7 duas vezes e finalize com o 6. A massa deve ficar macia e elástica.

9 Cubra a tigela novamente e deixe crescer por 30 minutos.

10 Divida em 4 porções iguais, usando um pão-duro de metal ou uma faca serrilhada afiada.

11 Enfileire as 4 assadeiras forradas.

12 Coloque uma porção de massa no meio de cada assadeira. Pressione com a mão para achatar um pouco e depois vá puxando as pontas da massa para fora. **(A) (B)**

13 Continue puxando e alongando a massa pelos cantos, até obter um retângulo irregular, bem fino, do tamanho da assadeira. **(C) (D)**

14 Deixe descansar por 15 minutos e preaqueça o forno a 190ºC.

15 Enquanto uma massa descansa, trabalhe na segunda, em outra assadeira. Se a massa começar a rachar, pare e deixe descansar por alguns minutos, enquanto estica outra porção.

16 Quando todas as massas tiverem descansado, pincele-as bem com o azeite de alho. **(E)**

17 Corte cada pão em 6 com uma faca afiada. **(F)**

18 Salpique a cebola fatiada e as sementes uniformemente sobre as massas.

19 Asse no forno preaquecido por 5-10 minutos em levas, até dourar bem.

20 Deixe esfriar sobre uma grade.

PÃES SEM TRIGO OU SEM GLÚTEN

PÃO DE CENTEIO

Aprendi a profissão de padeiro em uma panificadora em estilo alemão. Lá, o pão de centeio sempre era feito em grandes quantidades, pois os fregueses o apreciavam muito devido à qualidade e ao sabor. Esse pão é feito apenas com farinha de centeio, e é um dos meus preferidos.

150 g de farinha de centeio

100 g de isca de massa azeda feita com farinha de centeio (p. 11)

200 ml de água fria

200 g de farinha de centeio

6 g/1 colher (chá) de sal

150 ml de água quente

fôrma de pão de 500 g untada com óleo vegetal

RENDIMENTO: 1 PÃO PEQUENO

1 Misture os 150 g de farinha com a isca de massa azeda e os 200 ml de água fria em uma tigela grande, até uniformizar. Cubra com uma tigela menor virada para baixo e deixe fermentar durante a noite. Essa é a mistura líquida.

2 No dia seguinte, misture os 200 g de farinha com o sal em outra tigela. Essa é a mistura seca.

3 Espalhe a mistura seca sobre a líquida, cobrindo-a bem. Não misture ainda. **(A)**

A

B

C

D

E

F

4 Despeje os 150 ml de água quente com cuidado sobre a mistura seca. **(B)**

5 Misture imediatamente com uma colher de pau – a água quente não deve ter tempo de reagir com a farinha. **(C)**

6 Passe a massa para a fôrma untada. **(D)**

7 Mergulhe um pão-duro de plástico ou uma colher de sopa na água e use para nivelar a superfície da massa. **(E)**

8 Polvilhe farinha. **(F)**

9 Cubra e deixe crescer por 2 horas.

10 O pão crescerá nesse momento e no forno, mas não muito – por isso usamos uma fôrma pequena para uma quantidade relativamente grande de massa. **(G)**

11 Cerca de 15 minutos antes de assar, preaqueça o forno a 250ºC. Coloque uma assadeira na parte inferior para aquecer. Encha um copo com água e reserve.

12 Quando a massa terminar de crescer, descubra-a.

13 Coloque a fôrma no forno preaquecido. Despeje a água na assadeira quente e diminua a temperatura para 230ºC.

14 Asse por cerca de 30 minutos, até escurecer.

15 Desenforme o pão e deixe esfriar em uma grade. **(H)**

G

H

C

D

A

B

E

PÃO DE CENTEIO COM AMEIXA E PIMENTA

Você pode se perguntar por que juntei ameixas e pimenta em um pão. Espere até prová-lo! A doçura das ameixas combina muito bem com o azedinho do centeio e o toque picante dos grãos de pimenta. Fica delicioso!

150 g de farinha de centeio

100 g de isca de massa azeda (p. 11) de farinha de centeio

200 ml de água fria

200 g de farinha de centeio

6 g/1 colher (chá) de sal

150 ml de água quente

200 g de ameixas secas picadas

½-1 colher (sopa) de grãos de pimenta-rosa

fôrma de pão de 900 g untada com óleo vegetal

RENDIMENTO: 1 PÃO GRANDE

1 Misture os 150 g de farinha com a isca de massa azeda e os 200 ml de água fria em uma tigela grande, até uniformizar. Essa é a mistura líquida. **(A)**

2 Cubra com uma tigela menor virada para baixo e deixe fermentar durante a noite.

3 No dia seguinte, misture os 200 g de farinha com o sal em outra tigela. Essa é a mistura seca.

4 Espalhe a mistura seca sobre a líquida, cobrindo-a bem. Não misture ainda. **(B)**

5 Despeje os 150 ml de água quente com cuidado sobre a mistura seca.

6 Misture imediatamente com uma colher de pau – a água quente não deve ter tempo de reagir com a farinha. **(C)**

7 Adicione as ameixas e a pimenta à massa. **(D)**

8 Misture bem. **(E)**

9 Continue de acordo com o método indicado na receita de Pão de centeio da p. 70, a partir do passo 6. (Se preferir, não polvilhe a massa na fôrma com farinha.)

PÃO DE CENTEIO COM PASSAS

Este pão tem um sabor frutado que combina muito bem com queijo. Prefiro fazê-lo com uvas-passas brancas, mais doces que as pretas. Tivemos a sorte de ganhar o prêmio Great Taste, na confeitaria Judges, em Hastings, com uma versão deste pão.

150 g de farinha de centeio

100 g de isca de massa azeda (p. 11) de farinha de centeio

200 ml de água fria

200 g de farinha de centeio

6 g/1 colher (chá) de sal

200 g de uvas-passas brancas

150 ml de água quente

fôrma de pão de 900 g untada com óleo vegetal

RENDIMENTO: 1 PÃO GRANDE

1 Misture os 150 g de farinha com a isca de massa azeda e os 200 ml de água fria em uma tigela grande, até uniformizar. Use um pão-duro (ou espátula) de silicone para raspar a massa da colher e da borda do recipiente. Cubra com uma tigela menor, virada para baixo, e deixe fermentar a noite toda. Essa é a mistura líquida. **(A) (B) (C) (D)**

2 No dia seguinte, misture os 200 g de farinha de centeio com o sal e as passas em outra tigela. Essa é a mistura seca. **(E)**

3 Espalhe a mistura seca sobre a líquida, cobrindo-a bem. Não misture ainda.

4 Despeje os 150 ml de água quente com cuidado sobre a mistura seca. **(F)**

5 Misture imediatamente com uma colher de pau – a água quente não deve ter tempo de reagir com a farinha. **(G)**

6 Passe a massa para a fôrma untada.

7 Mergulhe o pão-duro ou uma colher de sopa na água e nivele a superfície da massa. **(H)**

8 Cubra e deixe crescer por 2 horas.

9 Cerca de 15 minutos antes de assar, preaqueça o forno a 250ºC. Coloque uma assadeira na parte inferior para aquecer. Encha um copo com água e reserve.

10 Quando a massa terminar de crescer, descubra-a.

11 Coloque a fôrma no forno preaquecido. Despeje a água na assadeira quente e diminua a temperatura para 240ºC.

12 Asse por cerca de 30 minutos, até escurecer.

13 Desenforme o pão e coloque em uma grade para esfriar.

PÃO DE GRÃOS DE CENTEIO

O pão de grãos de centeio é a minha versão do pão pumpernickel, e você ou vai amar ou detestar. Ele pode ser feito com grãos partidos de centeio ou de trigo. De qualquer forma, é preciso ser paciente, pois ele deve fermentar durante a noite e descansar por até 8 horas. Na Namíbia, onde me habilitei como confeiteiro e padeiro, fazíamos muitos pães desse tipo. O pumpernickel real é assado por 18 horas a 100ºC, para ficar com seu sabor maltado característico.

350 g de grãos de centeio (ou trigo-cachá ou sarraceno) triturados no processador

6 g/1 colher (chá) de sal

100 g de isca de massa azeda (p. 11) de farinha de centeio

350 ml de água morna

fôrma de pão de 500 g untada com óleo vegetal

RENDIMENTO: 1 PÃO PEQUENO

1 Coloque o centeio ou trigo partido com o sal em uma vasilha média. Essa é a mistura seca.

2 Misture a isca de massa azeda com a água em uma tigela grande. Essa é a mistura líquida.

3 Adicione a mistura seca à líquida e mexa, até misturar bem. **(A: trigo) (B: centeio)**

4 Cubra com a tigela da mistura seca.

5 Deixe fermentar durante a noite em local fresco.

6 No dia seguinte, passe a massa para a fôrma untada.

7 Mergulhe um pão-duro de silicone ou uma colher de sopa na água e use para nivelar a superfície da massa. **(C: trigo, à esquerda; centeio, à direita)**

8 Cubra a fôrma e deixe crescer por 6-8 horas.

9 A massa não crescerá muito, mas bolhas de ar irão se formar na superfície. (Como o pão cresce pouco, uma fôrma pequena basta para uma quantidade relativamente grande de massa.) **(D: trigo, à esquerda; centeio, à direita)**

10 Cerca de 15 minutos antes de assar, preaqueça o forno a 250ºC. Coloque uma assadeira na parte inferior do forno para aquecer. Encha um copo com água e reserve.

11 Quando a massa terminar de crescer, descubra-a.

12 Coloque a fôrma no forno preaquecido. Despeje a água na assadeira quente e diminua a temperatura para 230ºC.

13 Asse por cerca de 30 minutos, até escurecer.

14 Desenforme o pão e coloque em uma grade para esfriar.

PÃO DE KAMUT OU ESPELTA

O kamut (ou khorasan) e a espelta são grãos conhecidos desde a Antiguidade. Tornaram-se populares devido ao sabor e à fácil digestão. Hoje, a farinha de espelta é mais fácil de encontrar que a de kamut, em lojas de produtos naturais.

300 g de farinha de kamut (ou de espelta) integral

6 g/1 colher (chá) de sal

6 g de fermento biológico fresco ou 3 g/¾ de colher (chá) de fermento biológico seco

200-230 ml de água morna

fôrma de 500 g untada com óleo vegetal

RENDIMENTO: 1 PÃO PEQUENO

1 Misture a farinha e o sal em uma tigela média e reserve. Essa é a mistura seca.

2 Coloque o fermento em uma tigela grande. Adicione a água e misture até o fermento dissolver. (Se usar a farinha de espelta, talvez precise de menos água do que a de kamut.) Essa é a mistura líquida.

3 Adicione a mistura seca à líquida. Misture com uma colher de pau e depois com as mãos, até dar liga e formar uma massa.

4 Cubra com a tigela da mistura seca e deixe descansar por 10 minutos.

5 Sove a massa como no passo 10 da p. 20.

6 Cubra a tigela novamente e deixe descansar por 10 minutos.

7 Repita os passos 5 e 6 duas vezes e finalize com o 5. Cubra a tigela novamente e deixe crescer por 1 hora.

8 Dê soquinhos na massa para liberar o ar.

9 Enfarinhe levemente uma superfície de trabalho limpa.

10 Coloque a massa na superfície de trabalho. **(A)**

11 Achate a massa suavemente, deixando-a oval. Dobre a ponta direita sobre o centro, depois a esquerda. **(B) (C)**

12 Pressione levemente para selar. A massa ficará com formato retangular irregular. Puxe e dobre a parte superior até um terço do caminho para o centro. Pressione na massa.

13 Gire a massa 180º e continue dobrando-a como no passo 12, até ficar do tamanho aproximado da fôrma de pão. **(D) (E) (F)**

14 Coloque a massa na fôrma untada com a junção para baixo. **(G: kamut, à esquerda; espelta, à direita)**

15 Cubra a fôrma e deixe a massa crescer por 30-45 minutos, até quase dobrar de tamanho.

16 Na metade do tempo de crescimento, preaqueça o forno a 250ºC. Coloque uma assadeira na grade central para aquecer. Encha um copo com água e reserve.

17 Quando a massa terminar de crescer, descubra--a. **(H)**

18 Coloque a fôrma no forno preaquecido. Despeje a água na assadeira quente e diminua a temperatura para 240ºC.

19 Asse por cerca de 35 minutos, até escurecer. Desenforme o pão e coloque em uma grade para esfriar.

A

B

C

D
E
F
G
H

A
B
C
D

PÃO SEM GLÚTEN
COM DUAS VARIAÇÕES

Acredito que todos deveriam poder comer algum tipo de pão. Existem muitas misturas prontas de farinhas sem glúten, mas fiz a minha própria, que funciona bem. Os pães sem glúten precisam descansar. Mas não é necessário sovar, pois não há glúten para ser trabalhado.

SIMPLES

150 g de fécula de batata

150 g de farinha de arroz integral

80 g de farinha de trigo-cachá ou sarraceno

80 g de fubá

10 g/2 colheres (chá) de sal

28 g de fermento biológico fresco ou 9 g/2¼ de colheres (chá) de fermento biológico seco

360 ml de água morna

fôrma de 900 g untada com óleo vegetal

RENDIMENTO: 1 PÃO GRANDE

SEMENTES

100 g de fécula de batata

100 g de farinha de arroz integral

200 g de trigo-cachá ou sarraceno

10 g/2 colheres (chá) de sal

40 g de sementes de girassol

40 g de sementes de abóbora

40 g de sementes de linhaça

20 g de gergelim

20 g de gergelim preto

20 g de fermento biológico fresco ou 7 g/1¾ colher (chá) de fermento biológico seco

400 ml de água morna

10 g/1 colher (sopa) rasa de melado

FRUTAS E ESPECIARIAS

125 g de fécula de batata

125 g de farinha de arroz integral

75 g de farinha de trigo-cachá ou sarraceno

75 g de fubá

10 g/2 colheres (chá) de sal

75 g de groselhas secas

75 g de uvas-passas brancas

raspas de 1 laranja

raspas de 1 limão-siciliano

1 colher (chá) de canela em pó

1 colher (chá) de gengibre em pó

uma pitada de cravo moído

20 g de fermento biológico fresco ou 7 g/1¾ colher (chá) de fermento biológico seco

300 ml de água morna

2 colheres (chá) de mel

1 Misture as farinhas e o sal em uma tigela média. Se fizer o pão com sementes ou com frutas, adicione as sementes, as frutas secas, as raspas e as especiarias nessa etapa também. Essa é a mistura seca. **(A)**

2 Coloque o fermento em uma tigela grande. Adicione a água e misture até dissolver. Se fizer o pão com sementes ou com frutas, misture o melado (ou mel) nesta etapa também. Essa é a mistura líquida.

3 Adicione a mistura seca à líquida. **(B)**

4 Misture com uma colher de pau. A massa deve ficar com consistência de iogurte. Se preciso, adicione um pouco mais de água. **(C) (D)**

5 Cubra e deixe descansar por 1 hora. **(E)**

6 Despeje a massa na fôrma untada. **(F) (G)**

7 Cubra e deixe crescer por 20-30 minutos, até aumentar 1-2 cm.

8 Preaqueça o forno a 250ºC. Coloque uma assadeira na parte inferior para aquecer. Encha um copo com água e reserve.

9 Quando terminar de crescer, descubra a massa.

10 Coloque no forno preaquecido. Despeje a água na assadeira quente e diminua a temperatura para 240ºC.

11 Asse por cerca de 30 minutos, até dourar bem.

12 Desenforme o pão e coloque em uma grade para esfriar.

PÃO DE MILHO SEM GLÚTEN

Meu pão de milho sem glúten é feito com fermento, mas não contém ovos, então parece mais com o tradicional do que outras receitas. Fica ótimo para embeber no molho de ensopados.

- **200 g de fubá fino**
- **50 g de fécula de batata**
- **5 g/1 colher (chá) de sal**
- **10 g de fermento biológico fresco ou 4 g/1 colher (chá) de fermento biológico seco**
- **200 ml de água morna**
- **50 g de milho cozido (fresco, congelado ou em lata, escorrido)**

fôrma de bolo redonda de 16 cm bem untada com óleo vegetal

RENDIMENTO:
1 PÃO PEQUENO

1 Misture as farinhas e o sal em uma tigela média e reserve. Essa é a mistura seca.

2 Coloque o fermento em uma tigela grande. Adicione a água e misture até dissolver. Essa é a mistura líquida.

3 Adicione o milho cozido e a mistura seca à líquida. Mexa com uma colher de pau. A massa deve ficar com a consistência de iogurte. Se preciso, adicione um pouco mais de água.

4 Cubra e deixe descansar por 1 hora. **(A)**

5 Despeje a massa na fôrma untada. **(B)**

6 Cubra e deixe crescer por 30-45 minutos, até alcançar a borda da fôrma. **(C)**

7 Na metade do período de crescimento, preaqueça o forno a 250ºC. Coloque uma assadeira na parte inferior para aquecer. Encha um copo com água e reserve.

8 Quando terminar de crescer, descubra a massa.

9 Coloque a massa no forno preaquecido. Despeje a água na assadeira quente e diminua a temperatura para 240ºC.

10 Asse o pão de milho por cerca de 35 minutos, até dourar bem.

11 Deixe esfriar na fôrma. Coma quente ou frio, cortado em fatias.

PÃES DE MASSA AZEDA

A
B
C
D
E
F
G
H
I

PÃO BRANCO DE MASSA AZEDA

Este é um pão básico de massa azeda, feito com farinha branca. É pequeno, para ser consumido em uma só refeição. Agora que você sabe como fazer a isca de massa azeda, pode assar sempre esse pão fantástico.

250 g de farinha de trigo para pães

4 g/¾ de colher (chá) de sal

150 ml de água morna

75 g de isca de massa azeda (p. 11) de farinha branca

cestinha para crescimento da massa (para 500 g) ou escorredor de macarrão

linho ou pano de prato limpo

pá de padeiro e base de pedra enfarinhadas (opcional)

assadeira rasa forrada com papel-manteiga

RENDIMENTO: 1 PÃO PEQUENO

1 Misture a farinha e o sal em uma tigela média. Essa é a mistura seca. **(A)**

2 Coloque a água e a isca de massa azeda em uma tigela grande. Misture até uniformizar. Essa é a mistura líquida. **(B) (C)**

3 Adicione a mistura seca à líquida. Misture com uma colher de pau e depois com as mãos, até dar liga e formar uma massa. Use um pão-duro de silicone para raspar a lateral da tigela. Misture bem todos os ingredientes. **(D) (E) (F)**

4 Cubra com a tigela da mistura seca e deixe descansar por 10 minutos.

5 Mantendo a massa na tigela, puxe uma porção da lateral e pressione no meio. Gire um pouco a tigela e repita o processo com outra porção de massa. Repita mais 8 vezes. O processo todo deve levar cerca de 10 segundos. A massa começará a oferecer resistência. **(G) (H)**

6 Cubra novamente e deixe descansar por 10 minutos.

7 Repita os passos 5 e 6 duas vezes, e finalize com o 5. Cubra a tigela e deixe crescer por 1 hora. **(I)**

K
L
M
N

O

P

8 Enfarinhe levemente uma superfície de trabalho limpa e coloque a massa. **(J)**

9 Forme uma bola lisa e achatada. **(K) (L)**

10 Forre uma cestinha de crescimento ou um escorredor de macarrão com linho ou um pano de prato limpo. Polvilhe bastante farinha e coloque a massa dentro. **(M)**

11 Polvilhe a massa com farinha. **(N)**

12 Deixe crescer até quase dobrar de tamanho – de 3 a 6 horas.

13 Cerca de 20 minutos antes de assar, preaqueça o forno a 250ºC. Coloque uma assadeira na parte inferior para aquecer. Encha um copo com água e reserve.

14 Quando a massa dobrar de tamanho, passe-a da cestinha ou escorredor para a pá de padeiro ou diretamente para a assadeira forrada. **(O)**

15 Retire o linho ou pano de prato com cuidado. **(P)**

16 Faça incisões com uma tesoura culinária na superfície da massa, formando um desenho circular. **(Q)**

17 Deslize o pão na assadeira para o forno preaquecido, ou da pá de padeiro para a base de pedra preaquecida (opcional). Despeje a água na assadeira quente e diminua a temperatura para 240ºC.

18 Asse por cerca de 30 minutos, até dourar bem.

19 Para saber se o pão está assado, vire-o e bata no fundo – deve soar oco.

20 Se não estiver pronto, recoloque-o no forno por alguns minutos. Se estiver assado, ponha-o na grade para esfriar.

Q

PÃO INTEGRAL DE MASSA AZEDA

Esta receita de pão é tão simples quanto a de Pão branco de massa azeda da p. 87, mas o trigo-cachá e a farinha de trigo integral o deixam mais nutritivo e com sabor de oleaginosas.

200 g de trigo-cachá
200 ml de água morna
400 g de farinha de trigo integral
12 g/2 colheres (chá) de sal
160 g de isca de massa azeda (p. 11) de farinha branca ou integral
ao menos 140 ml de água morna
gérmen de trigo e mistura de fibras para cobrir

cestinha longa para crescimento da massa (para 900 g)
pá de padeiro e base de pedra enfarinhadas (opcional)
assadeira rasa forrada com papel-manteiga

RENDIMENTO:
1 PÃO GRANDE

1 Misture o trigo-cachá e os 200 ml de água em uma tigela média. Deixe de molho até amolecer.

2 Junte os 400 g de farinha e o sal em outra tigela média. Essa é a mistura seca.

3 Misture a isca de massa azeda e os 140 ml de água em uma tigela grande, até uniformizar. Acrescente o trigo umedecido. Essa é a mistura líquida.

4 Adicione a mistura seca à líquida. Mexa até misturar bem. Se a massa estiver muito dura, acrescente um pouco de água.

5 Cubra com a tigela da mistura seca e deixe descansar por 10 minutos.

6 Sove a massa suavemente, como no passo 5 da p. 87.

7 Cubra a tigela novamente e deixe descansar por 10 minutos.

8 Repita os passos 6 e 7 duas vezes e finalize com o 6. Cubra a tigela e deixe crescer por 1 hora.

9 Polvilhe levemente uma superfície de trabalho limpa com o gérmen de trigo e as fibras.

10 Ponha a massa na superfície de trabalho e role-a sobre a mistura com as mãos, até ficar do comprimento e largura da cestinha. **(A)**

11 Salpique gérmen de trigo e fibras na cestinha e coloque a massa. **(B)**

12 Deixe crescer até quase dobrar de tamanho – de 3 a 6 horas. **(C)**

13 Cerca de 20 minutos antes de assar, preaqueça o forno a 250ºC. Coloque uma assadeira na parte inferior para aquecer. Encha um copo com água e reserve.

14 Quando a massa dobrar de tamanho, passe-a da cestinha para a pá de padeiro ou diretamente para a assadeira forrada. **(D)**

15 Deslize para o forno preaquecido a assadeira ou a pá de padeiro para a base de pedra preaquecida. Despeje a água reservada na assadeira quente e diminua a temperatura para 240ºC.

16 Asse por cerca de 30 minutos, até dourar bem.

17 Para saber se o pão está assado, vire-o e bata no fundo – deve soar oco.

18 Se não estiver pronto, recoloque-o no forno por alguns minutos. Se estiver assado, ponha-o na grade para esfriar.

A

B

C

D

A

B

C

D

PÃO LEVAIN DE CAMPAGNE

Esta é a versão do pão de massa azeda no estilo francês que criei para a confeitaria Judges e com a qual ganhei o prêmio Great Taste.

250 g de farinha de trigo para pães

100 g de farinha de trigo integral

50 g de farinha de centeio

6 g/1 colher (chá) de sal

150 g de isca de massa azeda (p. 11) de farinha branca

150 ml de água morna

cestinha para crescimento da massa (para 900 g)

pá de padeiro e base de pedra enfarinhadas (opcional)

assadeira rasa forrada com papel-manteiga

RENDIMENTO:
1 PÃO GRANDE

1 Coloque as farinhas e o sal em uma tigela média. Essa é a mistura seca. **(A)**

2 Misture a isca de massa azeda e a água em uma tigela grande, até uniformizar. Essa é a mistura líquida. **(B)**

3 Adicione a mistura seca à líquida e mexa, até dar liga. A massa ficará meio mole, mas não se preocupe nem acrescente mais farinha! **(C) (D)**

4 Cubra com a tigela da mistura seca e deixe descansar por 10 minutos.

5 Sove a massa como no passo 5 da p. 87.

6 Cubra a tigela novamente e deixe descansar por 10 minutos.

7 Repita os passos 5 e 6 duas vezes, e finalize com o 5.

8 Cubra a tigela e deixe crescer por 1 hora.

9 Polvilhe levemente uma superfície de trabalho limpa e coloque a massa. Forme uma bola lisa e achatada. **(E)**

10 Enfarinhe a cestinha de crescimento. Coloque a massa dentro e polvilhe-a com farinha. **(F) (G)**

11 Deixe crescer até quase dobrar de tamanho – de 3 a 6 horas. **(H)**

12 Cerca de 20 minutos antes de assar, preaqueça o forno a 250ºC. Coloque uma assadeira na parte inferior para aquecer. Encha um copo com água e reserve.

13 Quando a massa dobrar de tamanho, passe-a da cestinha para a pá de padeiro ou diretamente para a assadeira forrada. **(I) (J)**

E

F

G

H

I

J

14 Faça talhos na superfície da massa com uma faca serrilhada afiada, formando um desenho simples. **(K)**

15 Deslize a assadeira para o forno preaquecido ou a pá de padeiro para a base de pedra preaquecida. Despeje a água na assadeira quente e diminua a temperatura para 240ºC.

16 Asse por cerca de 30 minutos, até dourar bem.

17 Para saber se o pão está assado, vire-o e bata no fundo – deve soar oco.

18 Se não estiver pronto, recoloque-o no forno por alguns minutos. Se estiver assado, ponha-o na grade para esfriar.

K

PÃO BRANCO DE SORO

Você pode se perguntar por que faço um pão com soro. Quando trabalhei para o empório Daylesford, produzíamos queijo cheddar, e achei que seria interessante fazer um pão de massa azeda com o soro resultante. Obtive um ótimo resultado, e tive a sorte de ganhar o prêmio Soil Association por ele.

160 g de isca de massa azeda (p. 11) de farinha branca

300 ml de soro (obtido de 1 litro de iogurte)

200 g de farinha de trigo para pães

220 g de farinha de trigo para pães

8 g/1½ colher (chá) de sal

cestinha para crescimento da massa (para 900 g) ou escorredor de macarrão

linho ou pano de prato limpo

pá de padeiro e base de pedra enfarinhadas (opcional)

assadeira rasa forrada com papel-manteiga

RENDIMENTO: 1 PÃO GRANDE

1 Coloque a isca de massa azeda e o soro em uma tigela grande. Misture com uma colher de pau, até uniformizar.

2 Adicione os 200 g de farinha e misture bem. Esse é o pré-fermento.

3 Cubra e deixe fermentar a noite toda em local fresco.

4 No dia seguinte, o pré-fermento terá bolhinhas na superfície. **(A)**

5 Misture os 220 g de farinha e o sal em uma tigela média. Essa é a mistura seca.

6 Adicione a mistura seca ao pré-fermento e misture até dar liga.

7 Cubra com a tigela da mistura seca.

8 Deixe descansar por 10 minutos.

9 Sove a massa como no passo 5 da p. 87.

10 Cubra novamente e deixe descansar por 10 minutos.

11 Repita os passos 9 e 10 duas vezes e finalize com o 9. **(B)**

12 Cubra a tigela e deixe crescer por 1 hora.

13 Enfarinhe levemente uma superfície de trabalho limpa e coloque a massa.

14 Forme uma bola lisa e achatada.

15 Forre uma cestinha ou um escorredor de macarrão com linho ou com um pano de prato limpo. Polvilhe bastante farinha e coloque a massa dentro. **(C)**

16 Deixe crescer até quase dobrar de tamanho – de 3 a 6 horas. **(D)**

17 Cerca de 20 minutos antes de assar, preaqueça o forno a 250ºC. Coloque uma assadeira na parte inferior para aquecer. Encha um copo com água e reserve.

18 Quando a massa dobrar de tamanho, passe-a da cestinha ou escorredor para a pá de padeiro ou para a assadeira forrada.

19 Retire o linho ou pano de prato com cuidado. **(E)**

20 Faça talhos em forma de folha na superfície da massa com uma faca serrilhada. **(F)**

21 Deslize a assadeira para o forno preaquecido ou a pá de padeiro para a base de pedra preaquecida. Despeje a água na assadeira quente e diminua a temperatura para 240ºC.

22 Asse por cerca de 30 minutos, até dourar bem.

23 Para saber se o pão está assado, vire-o e bata no fundo – deve soar oco.

24 Se não estiver pronto, recoloque-o no forno por alguns minutos. Se estiver assado, ponha-o na grade para esfriar.

C

D

E

F

A

B

C

GRISSINIS DE MASSA AZEDA

Os grissinis são ótimos para acompanhar molhos e bons aperitivos ou petiscos para servir com drinques antes de um jantar. Descobri esta receita na Itália e a alterei, usando a isca de massa azeda. Gosto do sabor especial dos grissinis, assim como do barulhinho que fazem quando quebrados ao meio.

200 g de farinha de trigo para pães

4 g/¾ de colher (chá) de sal

100 g de isca de massa azeda (p. 11) de farinha branca

110 ml de água morna

20 ml de azeite

assadeiras rasas forradas com papel--manteiga

RENDIMENTO: 12-15 GRISSINIS

1 Coloque a farinha e o sal em uma tigela média. Essa é a mistura seca.

2 Misture a isca de massa azeda e a água em uma tigela grande, até uniformizar. Acrescente o azeite e mexa bem. Essa é a mistura líquida.

3 Adicione a mistura seca à líquida e mexa até dar liga.

4 Cubra com a tigela da mistura seca e deixe descansar por 10 minutos.

5 Sove a massa como no passo 5 da p. 87.

6 Cubra a tigela novamente e deixe descansar por 10 minutos.

7 Repita os passos 5 e 6 duas vezes e finalize com o 5.

8 Cubra a tigela e deixe crescer por 1 hora.

9 Enfarinhe levemente uma superfície de trabalho limpa e coloque a massa.

10 Achate a massa com as pontas dos dedos, abrindo-a até formar um retângulo de 5 mm de espessura. **(A)**

11 Cubra com filme de PVC, sem apertar, e deixe descansar por 15 minutos.

12 Corte o retângulo de massa em tiras de 1 cm com uma faca afiada. **(B)**

13 Estique levemente as tiras e espalhe nas assadeiras. **(C)**

14 Deixe crescer em local fresco por cerca de 2 horas.

15 Cerca de 20 minutos antes de assar, preaqueça o forno a 250ºC. Coloque uma assadeira na parte inferior para aquecer. Encha um copo com água e reserve.

16 Coloque as assadeiras no forno preaquecido. Despeje a água na assadeira quente e diminua a temperatura para 200ºC.

17 Asse por cerca de 20 minutos, até dourar bem.

18 Deixe esfriar na grade.

PÃO DE FUBÁ COM MASSA AZEDA

Quando trabalhei em Mikonos e em outras partes da Grécia, serviam-nos um pão amarelado nas refeições. Esta versão com massa azeda lembra a tradicional broa portuguesa e sempre me faz pensar na luminosidade da Grécia e em sua comida simples e saborosa.

A

B

C

D

E

F

G

H

300 g de farinha de trigo para pães

8 g/1½ colher (chá) de sal

60 g de farinha de milho ou fubá pré-cozido, mais um pouco para polvilhar

180 ml de água morna

250 g de isca de massa azeda (p. 11) de farinha branca

2 colheres (chá) de azeite

cestinha para crescimento da massa (para 900 g) ou escorredor de macarrão

pá de padeiro e base de pedra enfarinhadas (opcional)

assadeira rasa forrada com papel-manteiga

**RENDIMENTO:
1 PÃO GRANDE**

1 Misture a farinha e o sal em uma tigela média. Essa é a mistura seca.

2 Cozinhe o fubá seguindo as instruções da embalagem. **(A)**

3 Tire a panela do fogo e passe o angu quente para uma tigela grande. Será preciso 150 g, então pese e retire o excesso.

4 Adicione a água ao angu e misture. Faça isso enquanto ainda estiver quente ou morno. Não se preocupe se houver algumas bolinhas, pois elas darão mais textura ao pão. **(B)**

5 Acrescente a isca de massa azeda e o azeite ao angu e misture até uniformizar. Essa é a mistura líquida. **(C)**

6 Junte a mistura seca à líquida e misture com a mão até dar liga.

7 Cubra com a tigela da mistura seca.

8 Deixe descansar por 10 minutos.

9 Sove a massa como no passo 5 da p. 87.

10 Cubra a tigela novamente e deixe descansar por 10 minutos.

11 Repita os passos 9 e 10 duas vezes e finalize com o 9. **(D)**

12 Cubra a tigela e deixe crescer por 1 hora.

13 Polvilhe levemente uma superfície de trabalho limpa com fubá e coloque a massa.

14 Forme uma bola lisa e achatada. Cubra-a bem com fubá.

15 Enfarinhe uma cestinha de crescimento e coloque a massa.

16 Deixe crescer até quase dobrar de tamanho – de 3 a 6 horas. **(E)**

17 Cerca de 20 minutos antes de assar, preaqueça o forno a 250ºC. Coloque uma assadeira na parte inferior para aquecer. Encha um copo com água e reserve.

18 Quando a massa dobrar de tamanho, passe-a da cestinha para a pá de padeiro ou para a assadeira forrada. **(F) (G)**

19 Faça talhos paralelos na superfície da massa, usando uma faca serrilhada afiada. **(H)**

20 Deslize a assadeira para o forno preaquecido ou a pá de padeiro para a base de pedra preaquecida. Despeje a água na assadeira aquecida e diminua a temperatura para 240ºC.

21 Asse por cerca de 30 minutos, até dourar bem.

22 Para saber se o pão está assado, vire-o e bata no fundo – deve soar oco.

23 Coloque em uma grade para esfriar.

PÃO DE TOMATE COM MASSA AZEDA

A polpa (ou purê) de tomate da massa deixará este pão com uma linda casca alaranjada. O tomate harmoniza maravilhosamente com as sementes de aipo e nigela. Se preferir, substitua o aipo por alecrim fresco picado – também fica ótimo.

400 g de farinha de trigo para pães

10 g/2 colheres (chá) de sal

4 g/¾ de colher (chá) de sementes de aipo ou 2½ colheres (sopa) de alecrim fresco picado

6 g/1¼ colher (chá) de sementes de nigela (cominho-preto)

40 g de polpa ou purê de tomate

200 ml de água morna

300 g de isca de massa azeda (p. 11) de farinha branca

2 colheres (chá) de azeite

cestinha longa para crescimento da massa (para 900 g)

pá de padeiro e base de pedra enfarinhadas (opcional)

assadeira rasa forrada com papel-manteiga

RENDIMENTO:
1 PÃO GRANDE

1 Misture a farinha, o sal e as sementes em uma tigela média. Essa é a mistura seca.

2 Misture a polpa ou purê de tomate com a água em uma tigela grande, e mexa até uniformizar. Acrescente a isca de massa azeda e misture. **(A)**

3 Junte o azeite e mexa bem. Essa é a mistura líquida.

4 Adicione a mistura seca à líquida e misture até dar liga.

5 Cubra com a tigela da mistura seca.

6 Deixe descansar por 10 minutos.

7 Sove a massa como no passo 5 da p. 87.

8 Cubra a tigela novamente e deixe descansar por 10 minutos.

9 Repita os passos 7 e 8 duas vezes e finalize com o 7.

10 Cubra a tigela e deixe crescer por 1 hora.

11 Enfarinhe levemente uma superfície de trabalho limpa e coloque a massa. Modele-a na farinha com as mãos, até ficar do comprimento e largura da cestinha.

12 Polvilhe a cestinha com farinha e coloque a massa.

13 Deixe crescer até quase dobrar de tamanho – de 3 a 6 horas. **(B)**

14 Cerca de 20 minutos antes de assar, preaqueça o forno a 250ºC. Coloque uma assadeira na parte inferior para aquecer. Encha um copo com água e reserve.

15 Quando a massa dobrar de tamanho, passe-a da cestinha para a pá de padeiro ou para a assadeira forrada.

16 Faça um talho reto no centro da massa com uma faca serrilhada. **(C)**

17 Deslize a assadeira para o forno preaquecido ou a pá de padeiro para a base de pedra preaquecida. Despeje a água na assadeira quente e diminua a temperatura para 240ºC.

18 Asse por cerca de 30 minutos, até dourar bem.

19 Para saber se o pão está assado, vire-o e bata no fundo – deve soar oco.

20 Se não estiver pronto, recoloque-o no forno por alguns minutos. Se estiver assado, ponha-o na grade para esfriar.

A
B
C
D

PÃO DE BETERRABA COM MASSA AZEDA

Adoro o cheiro adocicado e terroso que a beterraba dá a este pão e a cor arroxeada da massa. O truque está em ralar a beterraba bem grossa, assim a cor permanece e ela não se desfaz na massa quando o pão é assado. O resultado é um miolo pontilhado fantástico, que rende uma boa discussão em um jantar festivo!

370 g de farinha de trigo para pães

8 g/1½ colher (chá) de sal

160 g de beterraba crua descascada

220 g de isca de massa azeda (p. 11) de farinha branca

200 ml de água morna

2 colheres (chá) de azeite

cestinha para crescimento da massa (para 900 g) ou escorredor de macarrão (opcional)

pá de padeiro e base de pedra enfarinhadas

assadeira rasa forrada com papel-manteiga

RENDIMENTO: 1 PÃO GRANDE

1 Misture a farinha e o sal em uma tigela média. Essa é a mistura seca.

2 Rale a beterraba no ralo grosso e reserve. **(A)**

3 Misture a isca de massa azeda com a água em uma tigela grande, até uniformizar. Acrescente o azeite. Essa é a mistura líquida.

4 Adicione a mistura seca à líquida e misture com as mãos, até dar liga. Junte a beterraba ralada e amasse até distribuir bem.

5 Cubra com a tigela da mistura seca e deixe descansar por 10 minutos.

6 Sove a massa como no passo 5 da p. 87.

7 Cubra a tigela novamente e deixe descansar por 10 minutos.

8 Repita os passos 6 e 7 duas vezes e finalize com o 6. **(B)**

9 Cubra a tigela e deixe crescer por 1 hora.

10 Enfarinhe levemente uma superfície de trabalho limpa e coloque a massa.

11 Forme uma bola lisa e achatada.

12 Polvilhe a cestinha com farinha e coloque a massa dentro.

13 Deixe crescer até quase dobrar de tamanho – de 3 a 6 horas. **(C)**

14 Cerca de 20 minutos antes de assar, preaqueça o forno a 250ºC. Coloque uma assadeira na parte inferior para aquecer. Encha um copo com água e reserve.

15 Quando a massa dobrar de tamanho, passe-a da cestinha para a pá de padeiro ou para a assadeira forrada. **(D)**

16 Deslize a assadeira para o forno preaquecido ou a pá de padeiro para a base de pedra preaquecida. Despeje a água na assadeira quente e abaixe a temperatura para 240ºC.

17 Asse por cerca de 30 minutos, até dourar bem.

18 Para saber se o pão está assado, vire-o e bata no fundo – deve soar oco.

19 Se não estiver pronto, recoloque-o no forno por alguns minutos. Se estiver assado, ponha-o na grade para esfriar.

A

B

C

PÃO DE QUEIJO E ERVAS COM MASSA AZEDA

Quando eu trabalhava no empório Daylesford, o queijeiro Joe fazia um ótimo cheddar com as pimentas cultivadas por Ben, o jardineiro. Decidi fazer um pão saboroso usando pimenta vermelha, que, na minha opinião, deveria ser comido com uma boa manteiga.

300 g de farinha de trigo para pães

8 g/1½ colher (chá) de sal

2 g/½ colher (chá) de pimenta vermelha em pó ou em flocos

150 g de cheddar ou parmesão ralado grosseiramente

4 colheres (sopa) de coentro ou salsa picados

200 g de isca de massa azeda (p. 11) de farinha branca

180 ml de água morna

4 cestinhas para crescimento da massa

pá de padeiro e base de pedra enfarinhadas (opcional)

assadeira rasa forrada com papel-manteiga

RENDIMENTO: 4 MINIPÃES

1 Misture a farinha, o sal e a pimenta em uma tigela média. Essa é a mistura seca.

2 Junte o queijo às ervas.

3 Misture a isca de massa azeda com a água em uma tigela grande, até uniformizar. Essa é a mistura líquida.

4 Adicione o queijo com ervas e a mistura seca à líquida e misture com as mãos, até dar liga. **(A)**

5 Cubra com a tigela da mistura seca e deixe descansar por 10 minutos.

6 Sove a massa como no passo 5 da p. 87.

7 Cubra a tigela novamente e deixe descansar por 10 minutos.

8 Repita os passos 6 e 7 duas vezes e finalize com o 6.

9 Cubra a tigela e deixe crescer por 1 hora.

10 Enfarinhe levemente uma superfície de trabalho limpa e coloque a massa.

11 Divida em 4 porções iguais, usando um pão-duro de metal ou uma faca serrilhada. Se quiser mais precisão, pese as porções e adicione ou retire massa até ficarem com o mesmo peso.

12 Modele as porções em discos lisos e achatados.

13 Polvilhe as cestinhas com farinha e coloque uma porção de massa em cada uma. **(B)**

14 Deixe crescer até quase dobrar de tamanho – de 3 a 6 horas.

15 Cerca de 20 minutos antes de assar, preaqueça o forno a 250ºC. Coloque uma assadeira na parte inferior para aquecer. Encha um copo com água e reserve.

16 Quando as massas dobrarem de volume, passe-as da cestinha para a pá de padeiro ou para a assadeira forrada. Faça 2 talhos curvos na superfície de cada massa com uma faca serrilhada. **(C)**

17 Leve os pães na assadeira ao forno preaquecido ou passe da pá de padeiro para a base de pedra preaaquecida. Despeje a água na assadeira quente e diminua a temperatura para 240ºC.

18 Asse por cerca de 30 minutos, até dourar bem.

19 Para saber se os pães estão assados, vire um deles e bata no fundo – deve soar oco.

20 Se não estiverem prontos, recoloque-os no forno por alguns minutos. Se estiverem assados, ponha-os na grade para esfriar.

A
B
C
D
E
F
G
H
I
J
K
L
M

PÃO DE BATATA COM MASSA AZEDA

Um pão em estilo americano, feito com batata crua, cozida ou assada com uma casca maravilhosa. Fica fantástico torrado.

250 g de isca de massa azeda (p. 11) de farinha branca

180 ml de água morna

10 ml/2 colheres (chá) de azeite

310 g de farinha de trigo para pães

6 g/1 colher (chá) de sal

150 g de batatas cruas sem casca raladas grosseiramente ou assadas com casca e picadas

cestinha para crescimento da massa (para 500 g)

pá de padeiro e base de pedra enfarinhadas (opcional)

assadeira rasa forrada com papel-manteiga

RENDIMENTO:
1 PÃO PEQUENO

1 Misture a isca de massa azeda e a água em uma tigela grande, até uniformizar. Adicione o azeite e mexa bem. Essa é a mistura líquida. **(A)**

2 Ponha a farinha, o sal e a batata em uma tigela média e misture. Essa é a mistura seca. **(B)**

3 Adicione a mistura seca à líquida. **(C)**

4 Misture com as mãos, até dar liga. **(D)**

5 Cubra com a tigela da mistura seca e deixe descansar por 10 minutos.

6 Sove a massa como no passo 5 da p. 87. **(E)**

7 Cubra a tigela novamente e deixe descansar por 10 minutos.

8 Repita os passos 6 e 7 duas vezes e finalize com o 5. **(F)**

9 Cubra a tigela e deixe crescer por 1 hora.

10 Enfarinhe levemente uma superfície de trabalho limpa. Coloque a massa e polvilhe farinha levemente. **(G)**

11 Forme uma bola lisa e achatada. **(H) (I)**

12 Polvilhe a cestinha com farinha e coloque a massa dentro. **(J)**

13 Deixe crescer até quase dobrar de tamanho – de 3 a 6 horas. **(K)**

14 Cerca de 20 minutos antes de assar, preaqueça o forno a 250ºC. Coloque uma assadeira na parte inferior para aquecer. Encha um copo com água e reserve.

15 Quando a massa dobrar de tamanho, passe-a da cestinha para a pá de padeiro ou para a assadeira forrada. **(L)**

16 Leve a assadeira com o pão ao forno preaquecido, ou passe o pão da pá de padeiro para a base de pedra preaquecida. Despeje a água na assadeira quente e abaixe a temperatura para 240ºC.

17 Asse por cerca de 30 minutos, até dourar bem. **(M: mostra um pão feito com batata crua ralada e outro feito com batata assada.)**

18 Para saber se o pão está assado, vire-o e bata no fundo – deve soar oco.

19 Se não estiver pronto, recoloque-o no forno por alguns minutos. Se estiver assado, ponha-o na grade para esfriar.

PÃO DE FIGO E NOZES COM MASSA AZEDA

Os figos e as nozes formam uma combinação maravilhosa, complementada pelo toque sutil de anis-estrelado. Experimente este pão com queijo.

3 figos secos grandes picados grosseiramente

40 g de nozes picadas

2 g/½ colher (chá) de anis-estrelado moído

100 g de farinha de trigo para pães

45 g de farinha de trigo integral

20 g de farinha de centeio

3 g/½ colher (chá) de sal

65 g de isca de massa azeda (p. 11) de farinha branca

130 ml de água morna

cestinha longa para crescimento da massa (para 900 g)

pá de padeiro e base de pedra enfarinhadas (opcional)

assadeira rasa forrada com papel-manteiga

RENDIMENTO: 1 PÃO PEQUENO

1 Misture os figos com as nozes e o anis--estrelado e reserve.

2 Coloque as farinhas e o sal em uma tigela média. Essa é a mistura seca.

3 Misture a isca de massa azeda com a água em uma tigela grande, até uniformizar. Essa é a mistura líquida.

4 Adicione os figos com nozes e a mistura seca à líquida e mexa bem, até dar liga.

5 Cubra com a tigela da mistura seca e deixe descansar por 10 minutos.

6 Sove a massa como no passo 5 da p. 87.

7 Cubra a tigela novamente e deixe descansar por 10 minutos.

8 Repita os passos 6 e 7 duas vezes e finalize com o 6. Cubra a tigela e deixe crescer por 1 hora. **(A)**

9 Quando a massa dobrar de tamanho, dê soquinhos para liberar o ar.

10 Enfarinhe levemente uma superfície de trabalho limpa e coloque a bola de massa.

11 Dobre uma ponta da massa sobre o centro. Coloque a ponta oposta sobre o centro. Enrole a massa até obter um cilindro. Achate as pontas.

12 Polvilhe a cestinha com farinha e coloque a massa dentro. **(B)**

13 Deixe crescer até quase dobrar de tamanho – de 3 a 6 horas.

14 Cerca de 20 minutos antes de assar, preaqueça o forno a 250ºC. Coloque uma assadeira na parte inferior para aquecer. Encha um copo com água e reserve.

15 Quando a massa dobrar de tamanho, passe-a da cestinha para a pá de padeiro ou para a assadeira forrada. Polvilhe farinha por cima. Faça talhos diagonais na massa, com uma faca serrilhada. **(C)**

16 Coloque o pão na assadeira e leve ao forno preaquecido, ou passe da pá de padeiro para a base de pedra preaquecida. Despeje a água na assadeira quente e diminua a temperatura para 240ºC.

17 Asse por cerca de 30 minutos, até dourar bem. Deixe esfriar em uma grade.

A

B

C

PÃO DE AVELÃ E GROSELHA COM MASSA AZEDA

O elemento mais importante deste pão são as avelãs levemente tostadas. Assim elas ganham mais sabor e complementam as groselhas doces. Experimente com queijo.

120 g de avelãs levemente tostadas picadas

60 g de groselhas secas ou uvas-passas

375 g de farinha de trigo para pães

6 g/1 colher (chá) de sal

140 g de isca de massa azeda (p. 11) de farinha branca

250 ml de água morna

cestinha para crescimento da massa (para 900 g) ou escorredor de macarrão (opcional)

linho ou pano de prato limpo

pá de padeiro e base de pedra enfarinhadas (opcional)

assadeira rasa forrada com papel-manteiga

RENDIMENTO: 1 PÃO GRANDE

A

1 Misture as nozes e as groselhas e reserve.

2 Ponha a farinha e o sal em uma tigela média. Essa é a mistura seca.

3 Misture a isca de massa azeda e a água em uma tigela grande, até uniformizar. Essa é a mistura líquida.

4 Adicione as nozes e groselhas e a mistura seca à líquida e misture até dar liga.

5 Cubra com a tigela da mistura seca e deixe descansar por 10 minutos.

6 Sove a massa como no passo 5 da p. 87.

7 Cubra a tigela novamente e deixe descansar por 10 minutos.

8 Repita os passos 6 e 7 duas vezes e finalize com o 6. **(A)**

9 Cubra a tigela e deixe crescer por 1 hora.

10 Enfarinhe levemente uma superfície de trabalho limpa e coloque a massa. Forme uma bola lisa e achatada.

11 Forre uma cestinha ou um escorredor com o linho ou pano de prato. Polvilhe bastante farinha e coloque a massa dentro.

12 Deixe crescer até quase dobrar de tamanho – de 3 a 6 horas. **(B)**

13 Cerca de 20 minutos antes de assar, preaqueça o forno a 250ºC. Coloque uma assadeira na parte inferior para aquecer. Encha um copo com água e reserve.

14 Quando a massa dobrar de tamanho, passe-a da cestinha para a pá de padeiro ou para a assadeira forrada. Retire o tecido com cuidado. **(C) (D)**

15 Faça talhos simples na superfície da massa com uma faca serrilhada.

16 Coloque o pão na assadeira e leve ao forno preaquecido, ou passe da pá de padeiro para a base de pedra preaquecida. Despeje a água na assadeira quente e diminua a temperatura para 240ºC.

17 Asse por cerca de 30 minutos, até dourar bem.

18 Para saber se o pão está assado, vire-o e bata no fundo – deve soar oco.

19 Se não estiver pronto, recoloque-o no forno por alguns minutos. Se estiver assado, ponha-o na grade para esfriar.

B

C

D

PÃO DE CHOCOLATE COM MASSA AZEDA

Adoro o sabor de chocolate deste pão. Resolvi adicionar as groselhas secas, pois elas dão um contraponto adocicado à intensidade do cacau. Este pão é tão incrivelmente bom que pode ser dado como presente a amigos gourmets.

200 g de groselhas secas ou uvas-passas

80 g de gotas de chocolate ao leite ou meio amargo

330 g de farinha de trigo para pães

8 g/1½ colher (chá) de sal

20 g de cacau em pó

170 g de isca de massa azeda (p. 11) de farinha branca

250 ml de água morna

cestinha longa para crescimento de massa (para 900 g)

pá de padeiro e base de pedra enfarinhadas (opcional)

assadeira rasa forrada com papel-manteiga

RENDIMENTO: 1 PÃO GRANDE

1 Junte as groselhas com o chocolate e reserve.

2 Misture a farinha, o sal e o cacau em pó em uma tigela média. Essa é a mistura seca.

3 Coloque a isca de massa azeda e a água em uma tigela grande e mexa até uniformizar. Essa é a mistura líquida.

4 Adicione as groselhas com chocolate e a mistura seca à líquida e mexa bem, até dar liga.

5 Cubra com a tigela da mistura seca e deixe descansar por 10 minutos.

6 Sove a massa como no passo 5 da p. 87.

7 Cubra a tigela novamente e deixe descansar por 10 minutos.

8 Repita os passos 6 e 7 duas vezes e finalize com o 6. Cubra a tigela e deixe crescer por 1 hora. **(A)**

9 Quando a massa dobrar de tamanho, dê soquinhos para liberar o ar.

10 Enfarinhe levemente uma superfície de trabalho limpa e coloque a bola de massa.

11 Divida em 2 porções iguais e enrole-as até formar bolas.

12 Polvilhe a cestinha com farinha. Coloque as bolas de massa lado a lado, de forma a se encaixarem justinhas. **(B)**

13 Deixe crescer até quase dobrarem de tamanho – de 3 a 6 horas.

14 Cerca de 20 minutos antes de assar, preaqueça o forno a 250ºC. Coloque uma assadeira na parte inferior para aquecer. Encha um copo com água e reserve.

15 Quando as massas dobrarem de tamanho, passe-as da cestinha para a pá de padeiro ou para a assadeira forrada. Polvilhe farinha. Faça talhos em cruz na superfície das massas com uma faca serrilhada. **(C)**

16 Coloque os pães na assadeira e leve ao forno preaquecido, ou passe da pá de padeiro para a base de pedra preaquecida. Despeje a água na assadeira quente e diminua a temperatura para 240ºC.

17 Asse por cerca de 30 minutos, até dourar bem.

18 Para saber se os pães estão assados, vire um e bata no fundo – deve soar oco. Deixe esfriar em uma grade.

A

B

C

A

PÃO DE CENTEIO E KÜMMEL COM MASSA AZEDA

Este é um pão de centeio clássico, do tipo que se encontra na Alemanha, com um leve toque de kümmel. Fica fabuloso depois de assado, pois a casca fica toda craquelada.

350 g de farinha de centeio

150 g de farinha de trigo para pães

10 g/2 colheres (chá) de sal

3 g/1 colher (chá) cheia de kümmel

250 g de isca de massa azeda (p. 11) de farinha de centeio

400 ml de água morna

cestinha para crescimento da massa (para 900 g)

pá de padeiro e base de pedra enfarinhadas (opcional)

assadeira rasa forrada com papel-manteiga

RENDIMENTO: 1 PÃO GRANDE

B

C

D

E

1 Junte as farinhas, o sal e o kümmel em uma tigela média. Essa é a mistura seca. **(A)**

2 Misture a isca de massa azeda e a água em uma tigela grande, até uniformizar. Essa é a mistura líquida. **(B)**

3 Adicione a mistura seca à líquida e mexa bem, até dar liga e ficar parecendo um mingau espesso. **(C) (D)**

4 Cubra com a tigela da mistura seca e deixe descansar por 1 hora.

5 Passe a massa para uma superfície de trabalho levemente enfarinhada e forme uma bola achatada.

6 Polvilhe uma bandeja com bastante farinha de centeio.

7 Passe a massa na farinha. **(E)**

8 Enfarinhe a cestinha. Coloque a massa dentro e polvilhe-a com farinha. **(F) (G)**

9 Deixe crescer até quase dobrar de tamanho – de 3 a 6 horas. **(H)**

10 Cerca de 20 minutos antes de assar, preaqueça o forno a 250ºC. Coloque uma assadeira na parte inferior para aquecer. Encha um copo com água e reserve.

11 Quando a massa dobrar de tamanho, passe-a da cestinha para a pá de padeiro ou diretamente para a assadeira forrada. **(I)**

12 Coloque o pão na assadeira e leve ao forno preaquecido, ou passe da pá de padeiro para a base de pedra preaquecida. Despeje a água na assadeira quente e diminua a temperatura para 240ºC.

13 Asse por cerca de 30 minutos, até dourar bem.

14 Para saber se o pão está assado, vire-o e bata no fundo – deve soar oco.

15 Se não estiver pronto, recoloque-o no forno por alguns minutos. Se estiver assado, ponha-o na grade para esfriar.

F

G

H

I

PÃO DE TRÊS GRÃOS

Criei este pão quando era aprendiz no Zerbans Cake and Coffee Shop, na Cidade do Cabo. Ele leva centeio, trigo, aveia e sementes.

2 colheres (sopa) de sementes de erva-doce e de coentro, mais 1 colher (sopa) de kümmel para uma mistura de especiarias

100 ml de água fria

50 g de sementes de girassol

30 g de sementes de linhaça

12 g de flocos de aveia

12 g de trigo-cachá

180 g de isca de massa azeda (p. 11) de farinha de centeio

150 ml de água morna

250 g de farinha de centeio fina

150 g de farinha de trigo para pães

8 g/1½ colher (chá) de sal

8 g de fermento biológico fresco ou 3 g/¾ de colher (chá) de fermento biológico seco

50 ml de água morna

cestinha longa para o crescimento da massa (para 900 g)

pá de padeiro e base de pedra enfarinhadas (opcional)

assadeira rasa forrada com papel--manteiga

RENDIMENTO: 1 PÃO GRANDE

1 Para fazer a mistura de especiarias, toste a erva-doce, o coentro e o kümmel em fogo baixo em uma panela seca, até as sementes pipocarem. Deixe esfriar e triture em um pilão ou moedor de especiarias.

2 Coloque os 100 ml de água, as sementes de girassol e de linhaça, a aveia e o trigo em uma tigela grande e misture. Essa é a mistura líquida. Cubra e deixe em local fresco durante a noite.

3 Ao mesmo tempo, misture a isca de massa azeda com os 150 ml de água morna em uma tigela grande, até uniformizar. Adicione a farinha de centeio e mexa bem, até virar uma pasta. Cubra e deixe fermentar em local fresco durante a noite.

4 No dia seguinte, misture a farinha branca, o sal e 1 colher (chá) das especiarias moídas em uma tigela média. Essa é a mistura seca.

5 Dissolva o fermento nos 50 ml de água morna, junte à massa azeda fermentada e misture bem.

6 Adicione a mistura seca e a líquida. Mexa bem, até dar liga. A massa ficará um pouco dura e pegajosa – mas se estiver muito seca, acrescente um pouco de água.

7 Cubra com a tigela da mistura seca e deixe descansar por 10 minutos.

A

B

C

D

E

F

8 Sove a massa como no passo 5 da p. 87. Ela ficará bem pegajosa.

9 Cubra a tigela e deixe descansar por 10 minutos.

10 Repita os passos 8 e 9 duas vezes e finalize com o 8. **(A)**

11 Cubra a tigela novamente e deixe crescer por 1 hora. **(B)**

12 Enfarinhe levemente uma superfície de trabalho limpa com a aveia. Coloque a bola de massa. **(C)**

13 Modele a massa na aveia com as mãos, até ficar mais ou menos do comprimento e largura da cestinha de crescimento. **(D)**

14 Salpique aveia na cestinha e coloque a massa.

15 Deixe crescer até quase dobrar de tamanho – de 1 a 2 horas. **(E)**

16 Cerca de 20 minutos antes de assar, preaqueça o forno a 250ºC. Coloque uma assadeira na parte inferior para aquecer. Encha um copo com água e reserve.

17 Quando a massa dobrar de tamanho, passe-a da cestinha para a pá de padeiro ou para a assadeira forrada. Faça um talho em zigue--zague na superfície com uma faca serrilhada. **(F)**

18 Coloque o pão na assadeira e leve ao forno preaquecido, ou passe da pá de padeiro para a base de pedra preaquecida. Despeje a água na assadeira quente e diminua a temperatura para 230ºC.

19 Asse por cerca de 30 minutos, até dourar bem.

20 Deixe esfriar em uma grade.

PÃO DE SEMOLINA COM MASSA AZEDA

125 g de farinha de trigo para pães

3 g/1½ colher (chá) de sal

25 g de isca de massa azeda (p. 11) de farinha branca

150 ml de água morna

150 g de semolina

6 g de fermento biológico fresco ou 3 g/¾ de colher (chá) de fermento biológico seco

50 ml de água morna

1 colher (chá) de azeite

4 colheres (chá) de azeite

assadeira rasa forrada com papel-manteiga

RENDIMENTO: 1 PÃO PEQUENO

Esta é a minha versão do pão italiano de semolina de Altamira. Feito assim, a semolina é quebrada e cria um sabor sutil e delicado. É muito versátil e combina com quase tudo.

1 Misture a farinha e o sal em uma tigela média. Essa é a mistura seca.

2 Coloque a isca de massa azeda, os 150 ml de água e a semolina em uma tigela grande. **(A)**

3 Misture com uma colher de pau, até uniformizar. **(B)**

4 Cubra e deixe fermentar em local fresco por 2 horas ou a noite toda. Esse é o pré-fermento. **(C)**

5 Quando ele estiver pronto, dissolva o fermento nos 50 ml de água em uma tigela grande. Misture 1 colher (chá) de azeite. **(D)**

6 Misture o fermento dissolvido ao pré-fermento. Essa é a mistura líquida.

7 Adicione a mistura seca à líquida. **(E)**

8 Mexa com uma colher de pau, até dar liga. **(F)**

9 Cubra e deixe descansar por 10 minutos. A massa ficará bem mole nessa etapa.

10 Coloque metade das 3 colheres (chá) de azeite em uma tigela grande.

11 Raspe a massa para a tigela azeitada usando uma espátula pão-duro. **(G)**

12 Puxe uma porção da lateral da massa e dobre sobre o centro. Gire um pouquinho a tigela e repita com mais uma porção de massa. Repita mais duas vezes. **(H)**

13 Deixe descansar por 10 minutos. **(I)**

14 Repita os passos 12 e 13 três vezes, adicionando o azeite restante para a massa não grudar na tigela. **(J)**

15 Deixe descansar por 10 minutos.

16 Enfarinhe levemente uma superfície de trabalho limpa e coloque a massa. **(K)**

17 Repita o passo 12 duas vezes. **(L) (M)**

18 Deixe descansar por 15-20 minutos.

19 Trabalhe a massa novamente, girando-a até obter um círculo. Vire-o de forma rápida e embuta as pontas para formar uma bola lisa e achatada. **(N)**

20 Polvilhe a assadeira rasa com semolina e coloque a massa. Polvilhe-a com semolina. **(O)**

21 Faça um buraco no centro da massa com os dedos e vá puxando-o cuidadosamente para fora, até formar uma argola. **(P)**

22 Deixe crescer por 30 minutos, até começarem a se formar bolhas na superfície.

23 Cerca de 20 minutos antes de assar, preaqueça o forno a 250ºC. Coloque uma assadeira para aquecer na parte inferior do forno. Encha um copo com água e reserve.

24 Quando a massa estiver pronta para ser assada, faça três talhos na superfície com uma faca serrilhada. **(Q)**

25 Coloque a fôrma no forno preaquecido. Despeje a água reservada na assadeira quente e diminua a temperatura do forno para 240ºC.

26 Asse por cerca de 35 minutos, até dourar bem. **(R)**

27 Para saber se o pão está assado, vire-o e bata no fundo – deve soar oco.

28 Se não estiver pronto, recoloque no forno por alguns minutos. Se estiver assado, ponha-o na grade para esfriar.

O

P

Q

R

PÃO DE GRÃOS E GIRASSOL

Este é outro ótimo pão em estilo alemão, com sabor tão intenso que pode ser consumido puro. As sementes de girassol são deliciosamente crocantes.

2 colheres (chá) de melado
140 ml de água morna
100 g de grãos de centeio triturados no processador
140 g de farinha de centeio
40 g de farinha malthouse (p. 19) ou integral
10 g/2 colheres (chá) de sal
100 g de sementes de girassol
12 g de fermento biológico fresco ou 4 g/1 colher (chá) de fermento biológico seco
80 ml de água morna
60 g de isca de massa azeda (p. 11) de farinha de centeio

fôrma de pão de 500 g untada com óleo vegetal

RENDIMENTO: 1 PÃO PEQUENO

1 Dissolva o melado nos 140 ml de água em uma tigela grande.

2 Adicione o centeio triturado e misture. Cubra e deixe de molho até amolecer – a noite toda, se preciso.

3 Misture as farinhas, o sal e as sementes em uma tigela grande e reserve. Essa é a mistura seca.

4 Dissolva o fermento nos 80 ml de água morna em uma tigela média. Adicione a isca de massa azeda e misture. Essa é a mistura líquida.

5 Incorpore a mistura líquida ao centeio de molho. Adicione a mistura seca. **(A)**

6 Mexa com uma colher de pau, até misturar bem. **(B)**

7 Cubra com a tigela da mistura seca e deixe descansar por 1 hora.

8 Passe a massa para a fôrma untada. Mergulhe um pão--duro de silicone ou uma colher de sopa na água e nivele a superfície. **(C)**

9 Cubra e deixe crescer por 30-45 minutos. **(D)**

10 Cerca de 20 minutos antes de assar, preaqueça o forno a 250ºC. Coloque uma assadeira na parte inferior para aquecer. Encha um copo com água e reserve.

11 Coloque o pão no forno preaquecido. Despeje a água na assadeira quente e diminua a temperatura para 240ºC.

12 Asse por cerca de 30 minutos, até dourar bem. Desenforme o pão, vire-o e bata no fundo; deve soar oco.

13 Se não estiver pronto, recoloque no forno por alguns minutos. Se estiver assado, desenforme e deixe esfriar em uma grade.

A

B

C

D

PÃEZINHOS E QUITUTES

CROISSANTS

Depois que você dominar o método de preparo dos croissants, poderá criar seu próprio café francês e assar também Pains au chocolat (p. 141) e Pains aux raisins (p. 145).

250 g de farinha de trigo para pães

20 g de açúcar

5 g/1 colher (chá) de sal

20 g de fermento biológico fresco ou 7 g/1¾ colher (chá) de fermento biológico seco

125 ml de água morna

150 g de manteiga em temperatura ambiente

1 ovo médio batido com uma pitada de sal para pincelar

assadeira rasa forrada com papel-manteiga

RENDIMENTO: CERCA DE 8 CROISSANTS

1 Misture a farinha, o açúcar e o sal em uma tigela média. Essa é a mistura seca.

2 Dissolva o fermento na água em uma tigela grande. Essa é a mistura líquida.

3 Adicione a mistura seca à líquida e misture até dar liga.

4 Cubra com a tigela da mistura seca.

5 Deixe descansar por 10 minutos.

6 Depois desse tempo, a massa estará pronta para ser sovada. Deixe-a na tigela, puxe uma porção na lateral e pressione no meio dela. Gire um pouquinho a tigela e faça o mesmo com outra porção de massa. Repita mais oito vezes. O processo todo levará cerca de 10 segundos, e a massa começará a oferecer resistência.

7 Cubra a tigela novamente e deixe descansar por 10 minutos.

8 Repita os passos 6 e 7 duas vezes e finalize com o 6.

9 Cubra e deixe descansar na geladeira a noite toda. Se usar fermento seco, deixe a massa crescer por 30 minutos em temperatura ambiente antes de colocá-la na geladeira. Isso ativará o fermento.

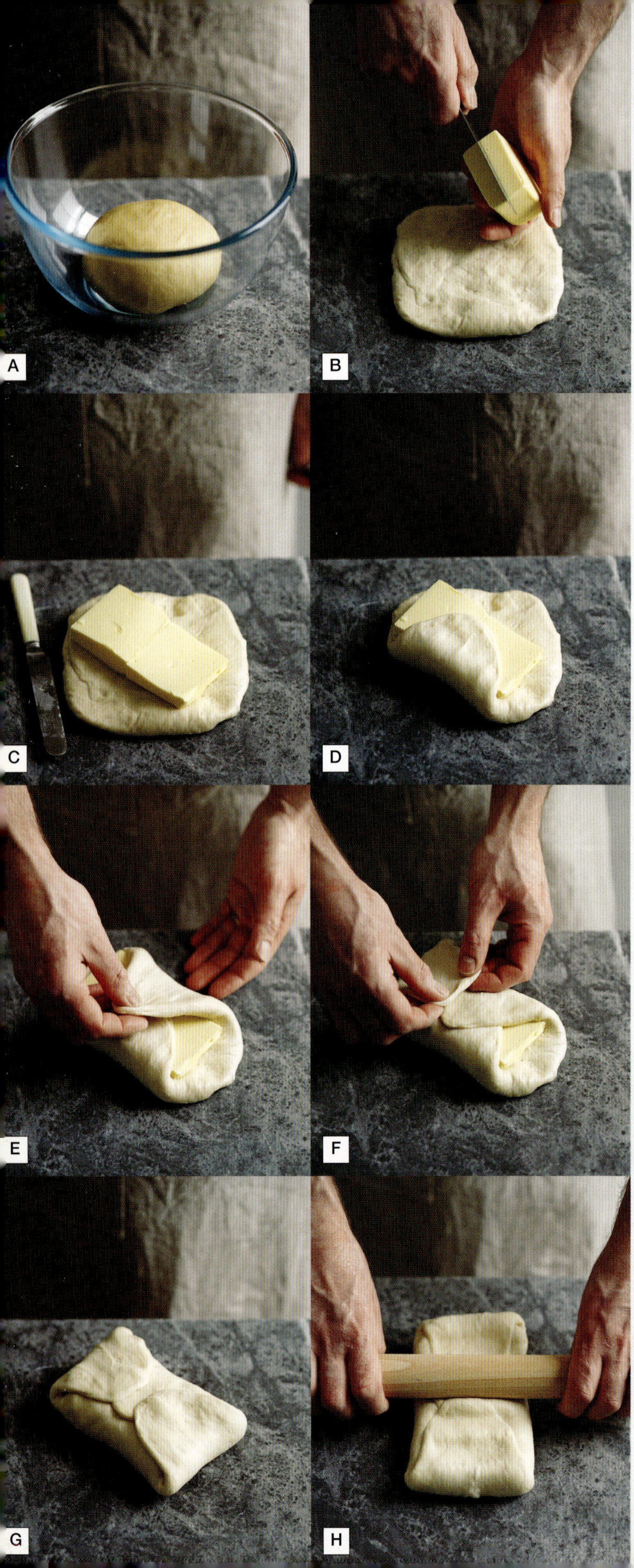

10 Retire a massa da geladeira. **(A)**

11 Vire-a na superfície de trabalho.

12 Puxe a massa para fora pelos cantos, até obter um quadrado irregular com cerca de 12 cm.

13 Corte a manteiga em forma retangular, mais ou menos da metade do tamanho da massa. **(B)**

14 A massa deve ter aproximadamente a mesma espessura do retângulo de manteiga.

15 Coloque a manteiga sobre o centro da massa, na diagonal. **(C)**

16 Dobre as pontas da massa em direção ao centro, cobrindo a manteiga e formando um envelope. Se preciso, estique a massa para fechar bem. **(D) (E) (F) (G)**

17 Pressione com um rolo de massa para distribuir a manteiga uniformemente dentro do envelope. **(H)**

18 Abra a massa com o rolo, até obter um retângulo longo, com cerca de 1 cm de espessura. **(I)**

19 Dobre o terço inferior sobre o retângulo. **(J)**

20 Dobre o terço superior por cima. **(K)**

21 Agora haverá três pedaços retangulares de massa empilhados; essa é a primeira etapa. Faça uma covinha na massa com o dedo para lembrar que ela já passou pela primeira etapa. **(L)**

22 Embrulhe em filme de PVC e coloque na geladeira por 20 minutos.

23 Retire a massa da geladeira e repita os passos 17 a 21 duas vezes.

24 Agora ela já terá passado por três etapas, então faça três covinhas.

25 Embrulhe em filme de PVC e deixe na geladeira por 40 minutos.

26 Retire a massa da geladeira e abra-a em um retângulo de 24 cm x 38 cm. **(M)**

27 Corte o retângulo em triângulos longos e finos – em torno de 8-9. **(N)**

28 Enrole os triângulos em croissants, começando pela ponta mais larga. **(O) (P)**

I

J

29 Coloque as massas na assadeira, espaçando um pouco para que tenham espaço para crescer.

30 Deixe crescer até conseguir ver as camadas de massa separadas.

31 Preaqueça o forno a 250ºC. Coloque uma assadeira na parte inferior para aquecer. Reserve um copo com água.

32 Quando os croissants estiverem prontos para ir ao forno, pincele-os totalmente com o ovo batido com sal. **(Q)**

33 Coloque a assadeira no forno preaquecido. Despeje a água na assadeira quente e diminua a temperatura para 240ºC.

34 Asse por cerca de 15-20 minutos, até dourar bem. Não se preocupe se vazar um pouco de manteiga dos croissants durante o cozimento – ela será reabsorvida quando esfriarem.

35 Deixe os croissants esfriarem um pouco sobre a grade, antes de comer.

K

L

M

N

Q

O

P

PARA OS BATONS DE CHOCOLATE

75 g de chocolate amargo (70% de cacau)

1½ colher (sopa) de água

2 colheres (sopa) de açúcar

saco de confeitar com bico liso pequeno

assadeira rasa forrada com papel-manteiga

PAINS AU CHOCOLAT

É bom saber que estas delícias levam tempo para serem feitas. Mas vale a pena esperar pelas coisas boas, e esses pãezinhos franceses com certeza são uma ótima recompensa.

Para fazer os batons de chocolate

1 Quebre ou pique o chocolate em pedacinhos. Reserve.

2 Coloque a água e o açúcar em uma panela e deixe ferver.

3 Retire a panela do fogo.

4 Adicione o chocolate à calda quente e misture até derreter e ficar liso e brilhante.

5 Deixe esfriar, misturando de vez em quando com uma colher de pau.

6 Se não dissolver por completo, coloque em fogo baixo e mexa sem parar, até uniformizar.

7 Quando ficar com consistência cremosa, ponha no saco de confeitar e esprema tiras longas, com cerca de 5 mm de espessura, na assadeira. **(A)**

8 Coloque na geladeira até a hora de usar. (Se for demorar muito, congele.)

B

C

D

1 receita de massa de Croissant (p. 137, até o final do passo 25)

1 receita de Batons de chocolate (p. 141)

1 ovo médio batido com uma pitada de sal para pincelar

assadeira rasa forrada com papel-manteiga

RENDIMENTO: 8 UNIDADES

1 Retire a massa de croissant da geladeira e abra-a com um rolo, até obter um retângulo de 15 cm x 48 cm.

2 Corte a massa em 8 retângulos de 15 cm x 6 cm. **(B)**

3 Quebre os batons de chocolate com as mãos, deixando-os com 6 cm de comprimento. Será preciso 16 pedaços, então coloque o que restar no congelador, para usar em outra ocasião.

4 Ponha um pedaço de batom na parte inferior de um retângulo de massa.

5 Dobre a massa sobre o chocolate. Comece a enrolá-la, indo até um quarto.

6 Coloque outro pedaço de batom na massa, colado na parte do rolo. **(C)**

7 Termine de enrolar a massa. Assegure-se de que a junção esteja exatamente embaixo do rolo e achate-o um pouco com a mão.

8 Repita o processo com os retângulos de massa restantes, para fazer 8 pains au chocolat.

9 Coloque os rolinhos na assadeira forrada, deixando espaço para poderem crescer.

10 Deixe os pains au chocolat crescerem até ver as camadas separadas.

11 Preaqueça o forno a 250ºC. Coloque uma assadeira na parte inferior. Reserve um copo com água.

12 Quando os pães estiverem prontos para ser assados, pincele-os bem com o ovo batido com sal. **(D)**

13 Coloque os pães no forno preaquecido. Despeje a água na assadeira quente e diminua a temperatura para 240ºC.

14 Asse por cerca de 12-15 minutos, até dourar bem. Não se preocupe se a manteiga escorrer dos pães durante o cozimento. Ela será reabsorvida por eles quando esfriarem.

15 Deixe os pains au chocolat esfriarem um pouco sobre a grade antes de comer.

PAINS AUX RAISINS

Quando se está esperando convidados para o final de semana, por que não fazer estes irresistíveis pains aux raisins no sábado e aquecê-los para o café da manhã de domingo? Eles farão muito mais sucesso que torradas ou bolinhos industrializados.

1 receita de massa de Croissant (p. 137, até o final do passo 25)

150 g de uvas-passas

geleia de damasco sem pedaços para pincelar

açúcar de confeiteiro para o glacê (opcional)

CREME

20 g de farinha de trigo

10 g de amido de milho

250 ml de leite integral

1 ovo grande levemente batido

50 g de açúcar

1 colher (chá) de essência de baunilha

2 assadeiras rasas forradas com papel-manteiga

RENDIMENTO: CERCA DE 19 UNIDADES

Creme

1 Bata a farinha e o amido de milho com cerca de ¼ do leite em uma tigelinha, com um batedor de ovos, até uniformizar.

2 Incorpore o ovo.

3 Coloque o leite restante, o açúcar e a baunilha em uma panela e aqueça até o açúcar dissolver. Espere ferver.

4 Adicione a farinha com amido e bata vigorosamente.

5 Continue batendo com a panela no fogo, até começar a encorpar. Cozinhe por mais 2 minutos.

6 Retire do fogo e passe o creme para uma tigelinha.

7 Cubra com filme de PVC, direto sobre o creme, para que não se forme uma película.

8 Deixe esfriar e coloque na geladeira até a hora de usar.

9 O creme pode ser conservado na geladeira por até 24 horas.

Pains aux raisins

1 Retire a massa de croissant da geladeira e abra-a em um retângulo de 24 cm x 38 cm. **(A)**

2 Espalhe o creme sobre a massa com uma colher. Talvez não seja preciso usar tudo. **(B)**

3 Salpique as uvas-passas uniformemente sobre o creme.

4 Enrole a massa, começando por um lado longo, formando um cilindro. **(C)**

5 Embrulhe em filme de PVC e leve à geladeira por 30 minutos.

6 Retire a massa da geladeira, jogue fora o filme de PVC e corte o cilindro em fatias de cerca de 2 cm de largura – renderá cerca de 19. **(D)**

7 Coloque as fatias deitadas nas assadeiras forradas. Embuta a ponta de cada espiral de massa para ajudar a manter o formato durante o cozimento. Deixe espaço entre as fatias para que possam crescer.

D

E

F

8 Deixe crescer até ver as camadas de massa separadas. **(E)**

9 Preaqueça o forno a 250ºC. Coloque uma assadeira na parte inferior. Reserve um copo com água.

10 Coloque os pães no forno preaquecido. Despeje a água na assadeira quente e diminua a temperatura para 240ºC.

11 Asse por cerca de 12-15 minutos, até dourar bem. Se achar que as passas estão queimando, diminua a temperatura. Não se preocupe se a manteiga escorrer dos pães durante o cozimento. Ela será reabsorvida quando esfriarem.

12 Enquanto os pains aux raisins esfriam um pouco, aqueça a geleia de damasco em uma panelinha.

13 Pincele a geleia quente sobre os pãezinhos. **(F)**

14 Para fazer um glacê (opcional), misture algumas colheres (sopa) de açúcar de confeiteiro com um pouquinho de água fria em uma tigelinha. Adicione mais água e misture até ficar com consistência lisa de calda.

15 Quando os pains aux raisins esfriarem, decore com o glacê. **(G)**

G

A
B
C
D

COPENHAGENS

Quando eu era aprendiz, fazíamos estas rosquinhas em estilo dinamarquês chamadas copenhagens. Elas são doces, frutadas, com um toque de amêndoas e um sabor delicado. Fizeram com que eu me apaixonasse por quitutes assim. A técnica para trançar é complexa, mas a prática faz a perfeição, então seja paciente, siga as fotografias e será recompensado.

1 receita de massa de Croissant (p. 137, até o final do passo 25)

50 g de geleia de damasco sem pedaços, mais um pouco para pincelar

100 g de uvas-passas brancas

açúcar de confeiteiro para o glacê (opcional)

amêndoas em lascas tostadas para salpicar

RECHEIO DE MARZIPÃ

50 g de marzipã de boa qualidade

50 g de manteiga em temperatura ambiente

25 g de açúcar refinado

1 ovo médio

50 g de farinha de trigo

2 assadeiras rasas forradas com papel-manteiga

RENDIMENTO: CERCA DE 11 UNIDADES

Recheio de marzipã

1 Coloque o marzipã, a manteiga e o açúcar em uma tigelinha.

2 Bata com uma colher de pau ou com um batedor de ovos, até ficar leve e cremoso.

3 Adicione o ovo e misture bem.

4 Junte a farinha e misture até uniformizar.

5 Você obterá uma pasta grossa.

6 Use o recheio de marzipã imediatamente. Se fizer com antecedência, cubra com filme de PVC e deixe na geladeira até a hora de usar. Espere voltar à temperatura ambiente.

Copenhagens

1 Retire a massa de croissant da geladeira e abra-a em um retângulo de 28 cm x 38 cm.

2 Espalhe a geleia sobre a massa com uma colher. **(A)**

3 Distribua o recheio de marzipã (em temperatura ambiente) sobre a camada de geleia com uma colher. Não vá até as bordas da massa, ou vazarão quando enrolados. **(B)**

4 Salpique as uvas-passas brancas uniformemente numa ponta larga da massa, cobrindo metade dela. **(C)**

5 Dobre a outra ponta longa da massa sobre a parte coberta com as passas.

6 Pressione levemente com as mãos para as duas metades de massa ficarem grudadas.

7 Corte em tiras de 3,5 cm de largura. **(D)**

8 Pegue uma tira e estique-a com cuidado para alongar um pouco. **(E)**

9 Siga as fotos passo a passo ao lado para trançar os copenhagens da forma correta. Enquanto trança, vá esticando suavemente a massa para alongá-la. **(F) (G) (H) (I) (J)**

10 A forma final deve ser redonda, irregular, sem buracos visíveis entre as faixas de massa. Dominar essa técnica requer prática! **(K)**

11 Coloque as massas nas assadeiras forradas. Verifique se as pontas estão embutidas, para que não percam a forma durante o cozimento. Para que as massas possam crescer, deixe espaço entre elas.

12 Deixe crescer até ver as camadas de massa separadas. **(L)**

13 Preaqueça o forno a 250ºC. Coloque uma assadeira na parte inferior. Reserve um copo com água.

14 Coloque os copenhagens no forno preaquecido. Despeje a água na assadeira quente e diminua a temperatura para 240ºC.

E

F

G

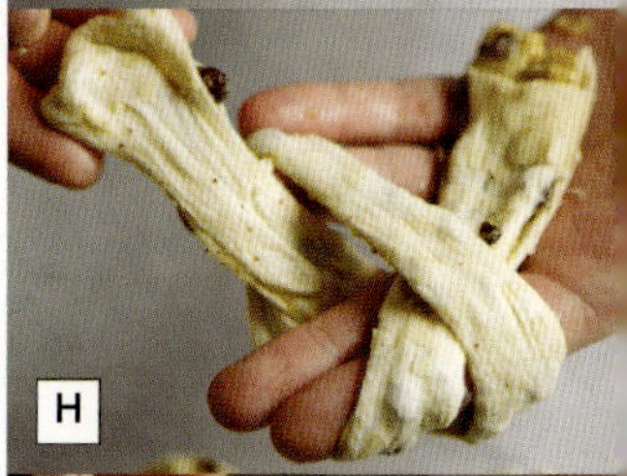
H

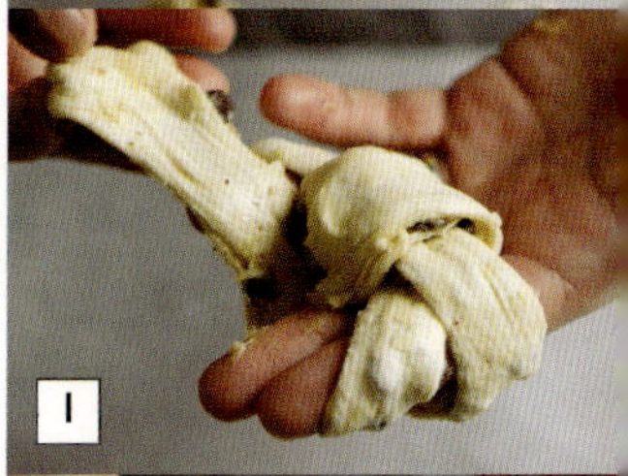
I

J

K

15 Asse por cerca de 12-15 minutos, até dourar bem. Não se preocupe se a manteiga escorrer dos pãezinhos durante o cozimento. Ela será reabsorvida quando esfriarem.

16 Enquanto os copenhagens esfriam um pouco, aqueça a geleia de damasco em uma panelinha.

17 Pincele a geleia quente sobre os pãezinhos. **(M)**

18 Para fazer um glacê (opcional), misture algumas colheres (sopa) de açúcar de confeiteiro com um pouquinho de água fria em uma tigelinha. Adicione mais água e misture. Continue adicionando água, um pouquinho por vez, até ficar com consistência lisa de calda.

19 Pincele o glacê sobre os copenhagens. Ele escorrerá pelas rachaduras e dobras. **(N)**

20 Salpique as amêndoas por cima. **(O)**

21 Deixe a geleia e o glacê firmarem antes de servir.

L

M

N

BRIOCHE

Esta receita, assim como as anteriores, é um clássico francês. Um bom brioche, na minha opinião, é um perfeito luxo. Esse pão levemente adocicado, enriquecido com ovos e manteiga, é ótimo para comer com pasta de chocolate.

250 g de farinha de trigo para pães

4 g/¾ de colher (chá) de sal

30 g de açúcar

20 g de fermento biológico fresco ou 10 g/2½ colheres (chá) de fermento biológico seco

60 ml de leite integral levemente aquecido

2 ovos médios

100 g de manteiga em temperatura ambiente

1 ovo médio batido com uma pitada de sal para pincelar

fôrma de pão de 500 g untada com manteiga

RENDIMENTO:
1 PÃO PEQUENO

1 Misture a farinha, o sal e o açúcar em uma tigela média e reserve. Essa é a mistura seca.

2 Coloque o fermento em uma tigela grande. Adicione o leite e misture até o fermento dissolver.

3 Bata os ovos levemente e incorpore ao leite com fermento. Essa é a mistura líquida. **(A)**

4 Adicione a mistura seca à líquida. **(B)**

5 Misture com as mãos até dar liga. **(C)**

6 A massa ficará bem pegajosa. **(D)**

7 Cubra com a tigela da mistura seca.

8 Deixe descansar por 10 minutos.

9 Sove a massa como no passo 5 da p. 87.

10 Cubra a tigela novamente e deixe descansar por 10 minutos.

11 Repita os passos 9 e 10.

12 Pegue pequenas porções de manteiga e enfie na massa. **(E)**

13 Sove a massa novamente para começar a incorporar a manteiga. Cubra e deixe crescer por 10 minutos.

14 Sove a massa pela última vez, cuidando para que a manteiga seja incorporada por completo. **(F)**

15 Cubra, leve à geladeira e deixe crescer por 1 hora. **(G)**

16 Dê soquinhos na massa para liberar o ar.

17 Enfarinhe levemente uma superfície de trabalho limpa e coloque a massa.

18 Divida em 3 porções iguais, usando um pão-duro de metal ou uma faca serrilhada. **(H)**

19 Forme bolas perfeitas e lisas com as mãos. **(I)**

20 Coloque na fôrma untada. **(J)**

21 Cubra com a tigela grande e deixe crescer por 30-45 minutos, até quase dobrar de tamanho.

22 Cerca de 20 minutos antes de assar, preaqueça o forno a 220ºC. Coloque uma assadeira na parte inferior para aquecer. Reserve um copo com água.

23 Quando a massa terminar de crescer, pincele-a bem com o ovo batido com sal. **(K)**

24 Faça um corte na parte superior de cada bola com tesoura culinária. **(L)**

25 Coloque o pão no forno preaquecido e despeje a água na assadeira quente.

26 Asse por cerca de 20 minutos, até dourar bem.

27 Para saber se o brioche está pronto, vire-o e bata no fundo – deve soar oco. Se estiver assado, ponha-o na grade para esfriar.

E

F

G

H

I

J

K

L

ROLINHOS DE CANELA

Estes são ótimos acompanhamentos para um café matinal e perfeitos para compartilhar. Faço estes rolinhos em uma fôrma de bolo para ficarem mais molhadinhos – depois basta separá-los e se deliciar. Canela e café divinos!

10 g de fermento biológico fresco ou 4 g/1 colher (chá) de fermento biológico seco

20 g de açúcar, mais um pouco para salpicar

70 ml de água morna

200 g de farinha de trigo para pães

1 g/¼ de colher (chá) de sal

1 colher (chá) de canela em pó, mais um pouco para salpicar

1 ovo médio levemente batido

40 g de manteiga em temperatura ambiente, mais um pouco derretida para pincelar

1 ovo médio batido com uma pitada de sal para pincelar

açúcar de confeiteiro para polvilhar

fôrma de bolo redonda de 23 cm untada com manteiga e levemente enfarinhada

RENDIMENTO: CERCA DE 13 ROLINHOS

1 Coloque o fermento em uma tigela grande. Adicione o açúcar e a água e misture até o fermento e o açúcar dissolverem. Acrescente 100 g de farinha e misture com uma colher de pau, até uniformizar. Esse é o pré-fermento.

2 Cubra e deixe fermentar em local aquecido por cerca de 1 hora, até dobrar de tamanho.

3 Enquanto isso, misture os outros 100 g de farinha, o sal e a canela em uma tigela média. Essa é a mistura seca.

4 Quando o pré-fermento estiver pronto, adicione a mistura seca e o ovo e misture até dar liga.

5 Junte a manteiga e misture até incorporar.

6 Cubra e deixe descansar por 10 minutos.

7 Sove a massa como no passo 5 da p. 87.

8 Cubra a tigela novamente e deixe descansar por 10 minutos.

9 Repita os passos 7 e 8 duas vezes e finalize com o 7.

10 Cubra a tigela e deixe crescer por 1 hora.

11 Quando a massa dobrar de tamanho, dê soquinhos para liberar o ar.

12 Enfarinhe levemente uma superfície de trabalho limpa e coloque a massa.

13 Pressione com as pontas dos dedos para achatar a massa e formar um retângulo com cerca de 3 mm de espessura. **(A)**

14 Pincele bem a massa com o ovo batido com sal. **(B)**

15 Polvilhe açúcar e canela a gosto por cima do ovo.

16 Começando por um lado mais largo, enrole a massa e forme um cilindro longo. **(C)**

17 Corte em fatias com cerca de 2 cm. Renderá cerca de 13 fatias. **(D)**

18 Disponha as massas na fôrma untada com o lado cortado para cima bem juntinhas.

19 Cubra e deixe crescer até quase dobrar de tamanho. **(E)**

20 Cerca de 20 minutos antes de assar, preaqueça o forno a 220ºC. Coloque uma assadeira na parte inferior para aquecer. Reserve um copo com água.

21 Coloque a fôrma no forno preaquecido e despeje a água na assadeira quente. Diminua a temperatura para 190ºC.

22 Asse por cerca de 10-15 minutos, até dourar bem.

23 Coloque os rolinhos em uma grade para esfriar.

24 Pincele manteiga derretida sobre os rolinhos mornos e polvilhe açúcar de confeiteiro e canela em pó.

A

B

C

PÃEZINHOS HOT CROSS

Estes pãezinhos são um quitute de Páscoa tradicional no Reino Unido. Mas não há motivo para não se deliciar com eles o ano inteiro. Gosto dos meus cortados ao meio, tostados e recobertos com manteiga derretida.

CRUZES

90 ml de água

40 ml de óleo vegetal

75 g de farinha de trigo

2 g/½ colher (chá) de sal

GLACÊ

250 ml de água

150 g de açúcar

½ laranja orgânica cortada em quartos

½ limão-siciliano orgânico cortado ao meio

2 pauzinhos de canela

5 cravos-da-índia

3 anises-estrelados

MASSA

20 g de fermento biológico fresco ou 6 g/1½ colher (chá) de fermento biológico seco

40 g de açúcar

200 ml de água morna

200 g de farinha de trigo

150 g de uvas-passas brancas

150 g de groselhas secas ou uvas-passas escuras

1 colher (chá) de gengibre em pó

1 colher (chá) de canela em pó

¼ de colher (chá) de cravo-da--índia moído

raspas de 2 laranjas orgânicas

raspas de 3 limões orgânicos

200 g de farinha de trigo para pães

2 g/½ colher (chá) de sal

90 g de manteiga em temperatura ambiente

1 ovo grande levemente batido

assadeira rasa forrada com papel-manteiga

saco de confeitar com bico liso pequeno

RENDIMENTO: 15 UNIDADES

Creme das cruzes

1 Misture a água com o óleo em uma jarra medidora ou similar.

2 Ponha a farinha e o sal em uma tigelinha e misture. **(A)**

3 Adicione a água com óleo à farinha com sal e misture com uma colher de pau, até obter uma pasta macia e uniforme. **(B)**

4 Cubra e reserve, em local fresco, até a hora de usar.

Glacê

1 Aqueça a água, o açúcar, a laranja, o limão, a canela, os cravos e os anises-estrelados em uma panela. Deixe ferver.

2 Quando levantar fervura, retire do fogo. Reserve em local fresco, para deixar as especiarias e as frutas em infusão. **(C)**

3 Esse glacê pode ser feito com 1 dia de antecedência e conservado na geladeira para ser usado várias vezes nesta receita.

D

E

F

Massa

1 Coloque o fermento em uma tigela grande. Adicione o açúcar e a água e misture até o fermento e o açúcar dissolverem. Junte a farinha de trigo e misture com uma colher de pau, até uniformizar. Esse é o pré-fermento. **(D) (E)**

2 Cubra a tigela e deixe fermentar em local aquecido por cerca de 30 minutos, até dobrar de tamanho. **(F)**

3 Enquanto isso, pese as frutas secas, especiarias e raspas, misture e reserve. **(G)**

4 Misture a farinha para pães e o sal e a canela em uma tigela média. Essa é a mistura seca.

5 Pegue pedacinhos de manteiga e esfregue levemente com as pontas dos dedos na mistura seca, até não haver mais pedaços grandes. **(H) (I)**

6 Depois de 30 minutos, o pré--fermento terá crescido um pouco.

7 Adicione o ovo e o pré-fermento à mistura seca. Amasse com as mãos até dar liga. **(J) (K)**

G

H

I

K

J

L

M

N

O

P

Q

R

S

8 Cubra e deixe descansar por 10 minutos.

9 Sove a massa como no passo 5 da p. 87.

10 Cubra a tigela novamente e deixe descansar por 10 minutos.

11 Repita os passos 9 e 10 três vezes.

12 Adicione a mistura de frutas secas à massa e sove suavemente até distribuir bem. **(L)**

13 Cubra e deixe crescer por 30 minutos. **(M)**

14 Nesse ponto, se preciso, é possível refrigerar a massa e continuar a receita no dia seguinte. Nesse caso, deixe a massa em temperatura ambiente por cerca de 15 minutos antes de prosseguir.

15 Enfarinhe levemente uma superfície de trabalho limpa.

16 Passe a massa para a superfície enfarinhada.

17 Depois de 30 minutos, divida a massa em 15 porções iguais, usando um pão-duro de metal ou uma faca serrilhada. **(N)**

18 Cada porção deve pesar cerca de 70 g. Se quiser mais precisão, pese cada uma e adicione ou retire massa até igualar o peso. **(O)**

19 Pegue uma porção de massa e enrole entre as mãos até obter uma bola bem redonda. Coloque na assadeira forrada. Repita com as porções restantes. Deixe espaço entre as massas para que possam crescer. Disponha-as em fileiras e linhas retas. **(P)**

20 Cubra e deixe crescer até quase dobrar de tamanho. **(Q)**

21 Cerca de 20 minutos antes de assar, preaqueça o forno a 240ºC. Coloque uma assadeira na parte inferior para aquecer. Reserve um copo com água.

22 Encha um saco de confeitar com o creme das cruzes. Despeje em linhas contínuas, cruzando a parte superior das massas em ambas as direções. **(R)**

23 Coloque a fôrma no forno preaquecido e despeje a água na assadeira quente. Diminua a temperatura para 190ºC.

24 Asse por cerca de 10-15 minutos, até dourar bem.

25 Retire do forno. Pincele levemente com o glacê frio reservado. **(S)**

26 Deixe esfriar em uma grade e sirva.

STOLLEN DE MARZIPÃ

O Natal não é a mesma coisa sem algum tipo de bolo com frutas. Na Alemanha existe o stollen, recheado com marzipã. Na confeitaria Judges tivemos a sorte de ganhar com este stollen o primeiro lugar no Brockwell Bake e o ouro no The Great Taste Awards. Sou apaixonado por essa iguaria, que aprendi a fazer com um mestre padeiro e confeiteiro em Munique, na Alemanha.

100 g de marzipã de boa qualidade

açúcar de baunilha a gosto

açúcar de confeiteiro para polvilhar

MISTURA DE FRUTAS

60 g de uvas-passas brancas

15 g de amêndoas em flocos tostadas

15 g de frutas cristalizadas picadas

suco e raspas de 1 laranja orgânica pequena

suco e raspas de 1 limão--siciliano orgânico

15 ml de rum

MASSA

20 g de fermento biológico fresco ou 6 g/1½ colher (chá) fermento biológico seco

20 ml de leite integral aquecido

20 g de farinha de trigo para pães

50 g de manteiga em temperatura ambiente

20 g de açúcar

1 g/¼ de colher (chá) de sal

1 g/¼ de colher (chá) de cardamomo moído

¼ de colher (chá) de essência de baunilha

1 ovo médio batido

150 g de farinha de trigo para pães

150 g de manteiga derretida

GLACÊ

30 g de geleia de damasco sem pedaços

45 g de manteiga

30 g de açúcar

1 colher (sopa) de leite integral

assadeira rasa forrada com papel-manteiga

RENDIMENTO:
1 STOLLEN MÉDIO

Mistura de frutas (feita com 1 semana de antecedência)

1 Misture todos os ingredientes em uma tigela grande.

2 Cubra a tigela com filme de PVC e deixe descansar em local fresco por até 1 semana. Quando ficar pronta, a maioria do líquido terá sido absorvida.

Massa

1 Coloque o fermento em uma tigela grande. Adicione o leite e misture até o fermento dissolver. **(A)**

2 Acrescente os 20 g de farinha e misture com uma colher de pau, até uniformizar. Esse é o pré-fermento. **(B)**

3 Cubra a tigela e deixe fermentar por cerca de 30 minutos em local aquecido, até dobrar de volume.

4 Enquanto o pré-fermento cresce, bata os 50 g de manteiga em uma tigela média com o açúcar, o sal, o cardamomo e a baunilha, até ficar cremoso – use um batedor de ovos. **(C)**

5 Adicione o ovo aos poucos, batendo bem. **(D)**

6 Se a mistura talhar, adicione 1 colher (chá) de farinha (dos 150 g) para ajudar a firmar.

7 Incorpore cerca de 1 colher (sopa) dos 150 g de farinha à mistura de frutas, para absorver o líquido restante. Reserve.

8 Quando o pré-fermento estiver pronto, incorpore-o à manteiga batida.

9 Acrescente a farinha restante à mistura e mexa bem, até dar liga.

10 Cubra e deixe descansar por 10 minutos.

11 Sove como no passo 5 da p. 87.

12 Cubra a tigela novamente e deixe descansar por 10 minutos.

13 Repita os passos 11 e 12 três vezes. **(E)**

14 Adicione a mistura de frutas reservada à massa e sove suavemente, até misturar por igual.

15 Cubra e deixe crescer por cerca de 1 hora, até quase dobrar de tamanho. **(F)**

16 Enfarinhe levemente uma superfície de trabalho limpa.

17 Dê soquinhos na massa para liberar o ar. Coloque na superfície de trabalho.

18 Forme uma bola com a massa e deixe descansar por cerca de 5 minutos, até poder ser trabalhada.

19 Enquanto isso, modele o marzipã em um cilindro curto.

20 Polvilhe a massa com um pouco de farinha, para não grudar no rolo. Abra-a em um quadrado irregular. **(G)**

21 Coloque o cilindro de marzipã no centro da massa. **(H)**

22 Puxe a massa sobre as pontas do marzipã. **(I)**

23 Dobre o lado mais próximo a você sobre o marzipã, cobrindo-o bem. **(J)**

24 Vire o outro lado por cima. **(K)**

25 Enrole o stollen, deixando a junção da massa para baixo. Modele-a com as duas mãos, apertando sobre o marzipã. **(L)**

26 Coloque na assadeira forrada, cubra e deixe crescer em local aquecido por cerca de 30 minutos, até quase dobrar de tamanho. **(M)**

27 Cerca de 20 minutos antes de assar, preaqueça o forno a 220ºC. Coloque uma assadeira na parte inferior para aquecer. Encha um copo com água e reserve.

28 Coloque o stollen no forno preaquecido e despeje a água na assadeira quente. Diminua a temperatura para 190ºC.

29 Asse por cerca de 20 minutos, até dourar bem.

30 Para saber se o stollen está assado, vire-o e bata no fundo – deve soar oco. Se não estiver pronto, recoloque-o no forno por alguns minutos.

31 Retire as passas que grudarem na assadeira com uma faca afiada, tomando cuidado para não danificar o pão.

32 Pincele o stollen com a manteiga derretida quente. Espere a massa absorver e repita duas vezes. **(N)**

33 Deixe esfriar bem.

Glacê e finalização

1 Ferva todos os ingredientes do glacê em uma panela.

2 Pincele sobre o stollen frio – por cima e por baixo.

3 Polvilhe uma bandeja com bastante açúcar de baunilha e coloque o stollen. Polvilhe a parte superior e as laterais com o açúcar de baunilha. **(O)**

4 Para finalizar, polvilhe o stollen com o açúcar de confeiteiro. **(P)**

M

N

O

P

STOLLEN DE PAPOULA

Eu adoro o stollen de marzipã (p. 164), mas o feito com sementes de papoula é igualmente delicioso. As sementes ficam meladas e criam um desenho lindo no meio do pão. Isso dá um toque maravilhoso à mesa de Natal.

açúcar de baunilha a gosto

açúcar de confeiteiro para polvilhar

RECHEIO DE PAPOULA

100 g de sementes de papoula

30 g de manteiga derretida

2 colheres (sopa) de mel

1 ovo médio

50 g de uvas-passas brancas

50 g de semolina fina

20 g de açúcar

MASSA

20 g de fermento biológico fresco ou 6 g/1½ colher (chá) de fermento biológico seco

20 ml de leite integral aquecido

20 g de farinha de trigo para pães

50 g de manteiga em temperatura ambiente

20 g de açúcar

1 g/¼ de colher (chá) de sal

1 g/¼ de colher (chá) de cardamomo moído

¼ de colher (chá) de essência de baunilha

1 ovo médio batido

150 g de farinha de trigo para pães

100 g de manteiga derretida

GLACÊ

30 g de geleia de damasco sem pedaços

45 g de manteiga

30 g de açúcar

1 colher (sopa) de leite integral

fôrma de bolo de 900 g untada com óleo vegetal

RENDIMENTO: 1 STOLLEN GRANDE

A

B

Recheio de papoula

1 Encha uma panela média com água até a metade, junte as sementes de papoula e deixe ferver. Cozinhe até amolecerem, retire do fogo e escorra.

2 Adicione todos os outros ingredientes e misture bem. Cubra até a hora de usar.

Massa

1 Coloque o fermento em uma tigela grande. Adicione o leite e misture até o fermento dissolver.

2 Acrescente os 20 g de farinha e misture com uma colher de pau, até uniformizar. Esse é o pré-fermento.

3 Cubra a tigela e deixe fermentar por cerca de 30 minutos em local aquecido, até dobrar de volume.

4 Enquanto o pré-fermento cresce, bata os 50 g de manteiga em uma tigela média com o açúcar, o sal, o cardamomo e a baunilha, até ficar cremoso – use um batedor de ovos.

5 Adicione o ovo, aos poucos, batendo bem.

6 Se a mistura talhar, adicione 1 colher (chá) de farinha (dos 150 g) para ajudar a firmar.

C

D

E

F

G

H

I

7 Quando o pré-fermento estiver pronto, incorpore-o à manteiga batida. Junte a farinha restante à mistura e mexa bem, até dar liga. Cubra e deixe descansar por 10 minutos.

8 Sove como no passo 5 da p. 87.

9 Cubra a tigela novamente e deixe descansar por 10 minutos.

10 Repita os passos 8 e 9 e finalize com o 8.

11 Cubra e deixe crescer por cerca de 1 hora, até quase dobrar.

12 Dê soquinhos na massa para liberar o ar e coloque em uma superfície de trabalho. Forme uma bola e deixe descansar por cerca de 5 minutos, até poder ser trabalhada. **(A)**

13 Abra a massa em um retângulo de 21 cm x 37 cm, ou do comprimento da fôrma. **(B)**

14 Coloque o recheio de papoula sobre a massa e espalhe uniformemente com uma colher. **(C) (D)**

15 Enrole um lado menor até o centro. Repita com o outro lado. **(E)**

16 Coloque na fôrma untada, com cuidado. **(F)**

17 Cubra e deixe crescer em local aquecido por cerca de 30 minutos, até quase dobrar de tamanho. **(G)**

18 Cerca de 20 minutos antes de assar, preaqueça o forno a 220ºC. Coloque uma assadeira na parte inferior para aquecer. Reserve um copo com água.

19 Coloque a fôrma no forno preaquecido e despeje a água na assadeira quente. Diminua a temperatura para 190ºC.

20 Asse por cerca de 20 minutos, até dourar bem. **(H)**

21 Para saber se o stollen está assado, vire-o e bata no fundo – deve soar oco. Se não estiver pronto, recoloque-o no forno por alguns minutos.

22 Desenforme e pincele com a manteiga derretida quente. Espere a massa absorver e repita duas vezes.

23 Deixe esfriar bem.

Glacê e finalização

1 Ferva todos os ingredientes do glacê em uma panela.

2 Pincele sobre o stollen frio – por cima e por baixo.

3 Polvilhe uma bandeja com bastante açúcar de baunilha e coloque o stollen. Polvilhe a parte superior e as laterais com o açúcar de baunilha. Para finalizar, polvilhe com o açúcar de confeiteiro. **(I)**

FORNECEDORES E VAREJISTAS

A maior parte dos utensílios e ingredientes utilizados neste livro pode ser encontrada em lojas de utensílios para cozinha, bons supermercados e lojas de produtos naturais. Mas relacionamos abaixo alguns fornecedores de produtos específicos.

FARINHAS, FIBRAS E FERMENTOS

Fleischmann
Farinha de trigo especial para pães e todos os tipos de fermento
www.fleischmann.com.br

Dona Benta
Farinhas de trigo branca e integral
www.donabenta.com.br

Bunge Pro
Farinhas de trigo de vários tipos, vendidas em grandes quantidades
www.bungepro.com.br

Vitao
Farinhas de trigo integral e de centeio e fibras – atacado ou varejo
www.vitao.com.br

Jasmine
Farinhas de trigo integral e de centeio e fibras – atacado ou varejo
www.jasminealimentos.com

OUTROS INGREDIENTES

Casa de Saron
Cereais, grãos, oleaginosas, frutas secas e especiarias
www.casadesaron.com.br

Casa Santa Luzia
Frutas secas, oleaginosas, orgânicos e especiarias
www.santaluzia.com.br

Cobal
Rua Voluntários da Pátria, 448, Humaitá, Rio de Janeiro, RJ.
Tel.: (21) 2266-5599
Rua Gilberto Cardoso, s/n, Leblon, Rio de Janeiro, RJ.
Tel.: (21) 2259-0836

Mercados municipais
Os mercados municipais, assim como as melhores lojas de produtos naturais ou empórios finos, costumam ser bons lugares para se encontrar grãos, oleaginosas, frutas secas, especiarias, fibras etc.

Belo Horizonte
www.mercadocentral.com.br

São Paulo
www.mercadomunicipal.com.br

UTENSÍLIOS

Doupan
Utensílios para panificação
www.doupan.com.br/produtos.aspx

Newpan
Assadeiras, fôrmas, sacos e bicos de confeitar
www.newpan.com.br

Pepper
Ampla variedade de utensílios de cozinha
www.pepper.com.br

Shopdoinox
Assadeiras e fôrmas
www.shopdoinox.com.br

ÍNDICE

AGRADECIMENTOS

Gostaria de agradecer às seguintes pessoas por sua ajuda neste livro:

A Steve Painter e sua companheira Nuala, por me recomendarem à Ryland Peters & Small para que eu pudesse criar este livro. Também gostaria de agradecê-los por me cederem sua casa, transformando-a em uma padaria onde trabalhamos no livro, e pelas lindas fotos que Steve fez de minha produção. Queria agradecer à editora Céline Hughes, pela paciência e compreensão.

À School of Artisan Food, onde ensino, pelo apoio e pelo uso de seus equipamentos para a produção das fotos, e aos meus alunos da turma de 2010/11 na Bakery Diploma pelo encorajamento e pela ajuda testando minhas receitas.

À equipe da confeitaria Judges, por permitir que eu reproduzisse aqui algumas das minhas receitas oferecidas lá.

A John Lister e Clive Mellum, do moinho Shipton, e ao Jethro Marriage, da Doves Farm, pelo fornecimento da farinha.

A minha esposa Lisa, por seu entusiasmo e apoio, e a meu filho Noah, por estar por perto quando eu precisava de um tempo de descanso e entretenimento. A minha mãe, meu pai e meus irmãos, que ouviram meus relatos infindáveis sobre as fases deste trabalho e sempre me encorajaram.

A Pat, mãe de Lisa, por digitar meus pensamentos.